QUE INVERTIR NO SEA UN MISTERIO

Javier Croses

QUE INVERTIR NO SEA UN MISTERIO

EDITORIAL
LETRA MINÚSCULA

Primera edición: enero de 2025
ISBN: 978-84-1090-151-3
Depósito legal: B 3456-2025

Editado por Editorial Letra Minúscula
www.letraminuscula.com
contacto@letraminuscula.com

A mis padres, quienes me enseñaron las lecciones más valiosas sobre el dinero, no solo con sus aciertos, sino también con sus errores.

A todos aquellos que buscan entender cómo cuidar su dinero y construir un futuro financiero más seguro, sin importar cuándo decidan empezar. Este libro es para los que están dispuestos a aprender, a mejorar y a dar ese primer paso hacia una vida financiera más consciente y responsable.

ÍNDICE

1. INTRODUCCIÓN

Siempre he sido de los que guardan el dinero «por si acaso». Desde joven, el concepto de ahorrar para el futuro me sonaba como una de esas sabidurías populares que, sin saber bien por qué, terminas adoptando. Y no te voy a mentir, me fue útil. Durante la crisis de 2008, cuando el mundo económico se tambaleaba y mucha gente se quedaba sin trabajo, mis ahorros me salvaron el pellejo cuando todo parecía derrumbarse. ¿Y qué aprendí? Que un pequeño colchón financiero puede ser la diferencia entre capear la tormenta o hundirse.

Después de ese periodo tan incierto, y tras encadenar varios trabajos temporales, me vi sin empleo. Ese momento de incertidumbre fue un desafío personal, pero también fue una oportunidad para replantear mi futuro. Con la ayuda de mis ahorros —y por supuesto, un empujón familiar, que tampoco voy a negar—, pude tomarme el tiempo necesario para reinventarme. Pero la verdadera revelación llegó después, cuando por fin conseguí un empleo estable: lo que antes era una cuenta de ahorros tranquila y sin muchas sorpresas, comenzó a crecer. Por primera vez, no solo tenía dinero guardado, sino que veía la posibilidad de hacer algo más con él.

Y allí fue cuando, como muchos, me pregunté: «¿Qué hago ahora con mi dinero?».

Si debo ser honesto, nunca me había planteado seriamente entrar en el mundo de las inversiones; palabras como «acciones», «fondos de inversión» o «cartera diversificada» me sonaban a un lenguaje reservado para los expertos, para los que aparecen en las noticias financieras o incluso para gente con fortunas mucho mayores que la mía. Pero cuanto más crecía mi cuenta, más claro tenía que, si no quería que la inflación devorara mis ahorros, tendría que aprender a mover mi dinero. Así que, como cualquier persona en el siglo xxi, acudí a Internet... ¡Menuda jungla! Al principio, me topé con un caos de información: había consejos por todas partes, pero nada parecía cuadrar del todo. Unos decían que invertir era sencillo, otros, que era prácticamente un arte oscuro reservado para pocos. Separar la paja del grano fue más difícil de lo que imaginaba.

Y fue entonces que mi camino cambió. Me di cuenta de que si realmente quería invertir con inteligencia, tendría que educarme de manera formal. Empecé a invertir no solo dinero, también tiempo en cursos, libros y en cometer errores. Y vaya que los cometí. ¡Ni te imaginas cuántas veces pensé que ya lo tenía todo claro, pero después me topé con otra lección inesperada! Pasé por la fase del *trading* —ese que te promete grandes ganancias rápidas—, solo para descubrir que no era lo mío. Aprendí sobre todo lo que no se debe hacer: empezar la casa por el tejado y confiar más en promesas vacías que en conocimientos sólidos.

Mirando hacia atrás, me doy cuenta de que esos tropiezos no fueron en vano. Cada error fue una lección; cada paso en falso, una oportunidad para entender mejor el mundo de las finanzas y de las inversiones. Y es precisamente de esas lecciones, de donde nace este libro.

Este no es un manual técnico sobre cómo invertir tu dinero, mejor dicho, es una guía práctica y accesible, escrita desde la perspectiva de alguien que, como tú, empezó desde cero. Alguien que tuvo que aprender, equivocarse y volver a intentarlo. En estas páginas no solo te voy a contar lo que significa invertir, también lo que no es invertir. Porque hay demasiadas voces allá afuera diciéndote que puedes hacerte rico de la noche a la mañana, y eso no es real. Quiero ayudarte a cortar ese ruido, a simplificar lo complejo y a que entiendas que invertir no es solo para un puñado de expertos o para quienes ya tienen grandes sumas de dinero: es para cualquiera que quiera hacer crecer su patrimonio, protegerse contra la inflación y, sobre todo, tomar el control de su futuro financiero. Si alguna vez te has sentido abrumado por conceptos como «diversificación», «riesgo» o «rentabilidad», no te preocupes, porque yo también estuve ahí. Pero la diferencia es que ahora sé lo suficiente como para guiarte de manera sencilla y efectiva a través de este viaje.

Lo que quiero es que, al terminar este libro, invertir deje de ser un misterio para ti. Mi objetivo es que tengas las herramientas y el conocimiento necesario para tomar decisiones informadas que te permitan construir un futuro financiero sólido para ti y tu familia. Quiero que, al acabar de leer, sientas que tienes el control y entiendas que invertir no es un privilegio reservado para unos pocos, sino una habilidad esencial que cualquiera puede aprender y desarrollar.

Así que, ¡acompáñame en este viaje! Te prometo que no solo aprenderemos mucho, sino que transformaremos la forma en la que ves tu dinero y las oportunidades que tienes frente a ti. Estás a punto de desvelar los secretos de la inversión, y lo mejor de todo es que el poder para aprovechar esas oportunidades está en tus manos. ¡Vamos a quitarle el misterio a la inversión y a hacer que sea algo accesible y real para ti!

2. ¿QUÉ ES LA INVERSIÓN?

Antes de meternos de lleno en por qué es necesario invertir, creo que hay una cosa clave que necesitamos aclarar: qué es realmente la inversión. Porque, vamos a ser sinceros, si te das una vuelta por Internet y empiezas a ver anuncios y cursos de «inversión», lo que te vas a encontrar en la mayoría de los casos no es inversión, sino especulación. Y no es lo mismo, ni de lejos.

La inversión es, en su esencia, poner a trabajar tu dinero en algo que con el tiempo te dé más dinero. Es como plantar un árbol: lo cuidas, lo riegas y con los años empiezas a recoger los frutos. Es un proceso a largo plazo, en el que el tiempo y la paciencia son tus mejores aliados. Las inversiones más comunes son en activos, como acciones, fondos de inversión, bonos o bienes inmuebles. En todos estos casos, la idea es crear valor con el tiempo, aprovechar el crecimiento económico, los beneficios de las empresas o la subida del valor de los activos. Pero, ojo: esto no significa que sea un camino libre de baches. Toda inversión tiene su riesgo, porque nada es seguro en este mundo. Sin embargo, cuando hablamos de inversiones serias y con cabeza, ese riesgo está controlado. Los activos en los que inviertes suelen tener un historial, tienen un análisis detrás y en general, las probabilidades de que te vaya bien, si haces las cosas con sentido, son mucho mayores.

¿Qué es la especulación?

Ahora hablemos de la especulación, esa prima rebelde de la inversión. Si la inversión es como plantar un árbol y esperar que crezca, la especulación es como intentar pescar a un pez saltando en medio de una tormenta. Es emocionante, seguro, pero mucho más arriesgado. La especulación consiste en comprar y vender activos con la intención de obtener beneficios rápidos, aprovechar las pequeñas fluctuaciones de precio. No estás pensando en mantener una inversión a largo plazo, sino en sacar partido a los cambios a corto plazo.

Aquí es donde entran en juego productos como los CFD (Contratos por Diferencia), los futuros o incluso algunos criptoactivos y NFT (tokens no fungibles). Es el tipo de inversión que ves promocionada en anuncios por todas partes, con promesas de «ganancias rápidas y seguras». Pero vamos a ser claros: no existe las ganancias rápidas y seguras. Si es una cosa, no es la otra. Los especuladores asumen riesgos mucho mayores y, aunque algunos pueden ganar mucho en poco tiempo, la realidad es que la mayoría pierde.

La gran diferencia entre la inversión y la especulación es el tiempo y el riesgo. Un inversor, por un lado, piensa en el largo plazo, en cómo sus decisiones de hoy pueden dar frutos dentro de cinco, diez o veinte años; sabe que puede haber altibajos en el camino, pero confía en que con el tiempo el valor de sus activos crecerá. Un especulador, por otro lado, está más interesado en los movimientos rápidos del mercado. Compra hoy para vender mañana o dentro de una semana, espera que el precio suba o baje lo suficiente como para hacer una ganancia rápida. Pero como ya hemos dicho, esta estrategia está llena de riesgos. Es como si estuvieras apostando en un casino: a veces ganas, pero la mayoría de las veces pierdes.

Si te fijas en los anuncios de «inversión» que aparecen en Internet, notarás que la mayoría no están vendiendo realmente inversión, sino especulación. Muchos de esos anuncios que prometen que puedes ganar miles de euros al mes desde casa con solo un par de horas al día, en realidad te están incitando a especular en mercados muy arriesgados, como los CFD o el forex, productos que no son adecuados para principiantes, ya que recurren al apalancamiento y se puede perder más dinero del que se dispone. Y lo peor es que muchas veces estos productos vienen envueltos en una falsa sensación de seguridad: los anuncios muestran gráficos ascendentes, coches de lujo y promesas de que vas a hacerte rico rápidamente. Pero eso es solo *marketing*. Detrás de esos gráficos, hay mucho riesgo y está la posibilidad real de perderlo todo, si no sabes lo que estás haciendo. Y aquí te doy un consejo que debes grabar a fuego: si algo parece demasiado bueno para ser verdad, seguramente no lo sea.

La importancia de la regulación

Otra cosa que debes tener en cuenta es dónde inviertes y quién está detrás de los productos en los que pones tu dinero. Si inviertes en productos que están regulados por organismos reconocidos, tienes una capa de protección, ya que estos existen para asegurarse de que los intermediarios cumplan con una serie de normas y de que tu dinero esté protegido en cierta medida. Sin embargo, muchos de los productos especulativos que encuentras por Internet están regulados en paraísos fiscales o en países con normativas laxas. Si una plataforma está registrada en un país del que nunca has oído hablar, como Trinidad y Tobago, Las Islas Vírgenes Británicas o Vanuatu, desconfía. Si algo va mal, va a ser casi imposible reclamar tu dinero. No pongas en riesgo tu futuro por confiar en intermediarios que no están debidamente regulados.

¿Especulación o inversión? La respuesta es clara

No hay nada de malo en asumir riesgos, pero debes ser consciente de cuál es el tipo que estás asumiendo. Si te sientes atraído por la especulación, por las promesas de beneficios rápidos, tienes que saber que es como jugar con fuego. ¿Se puede ganar dinero especulando? Claro, pero también puedes perderlo todo. Si lo haces, que no sea dinero que vayas a necesitar. La inversión, en cambio, es un proceso más tranquilo, más controlado y con muchas más garantías. Puedes ganar dinero con la inversión, pero lo harás a largo plazo y asumiendo riesgos medidos. Es la diferencia entre hacer crecer tu dinero de forma sólida y responsable o lanzarte a una montaña rusa financiera que no sabes cómo va a acabar.

Si lo que buscas es construir un futuro financiero estable y seguro, mi consejo es que te alejes de las promesas de altas rentabilidades en poco tiempo. Mejor concéntrate en ahorrar y en invertir de manera tranquila y con cabeza. Los fondos de inversión, las acciones a largo plazo y otros activos regulados por organismos serios son opciones que, aunque no te van a hacer millonario de la noche a la mañana, te ofrecerán seguridad y crecimiento con el tiempo.

Recuerda que la inversión es un maratón, no un *sprint*. No hay atajos, pero si inviertes con paciencia y sentido común, los resultados acabarán llegando.

3 ¿POR QUÉ INVERTIR?

Antes de hablar de la importancia de invertir, hay algo que debemos aclarar: todos queremos que nuestro dinero trabaje para nosotros, pero para que eso ocurra, primero debemos entender cómo funciona el mundo financiero. Durante mucho tiempo, el concepto de invertir ha parecido algo lejano, reservado solo para gente con grandes fortunas o para expertos que manejan cifras que a la mayoría nos marean. Sin embargo, la realidad es que invertir es una herramienta esencial para que cualquier persona, sin importar su nivel de ingresos, pueda protegerse frente a la inflación, generar más riqueza a lo largo del tiempo y alcanzar sus objetivos financieros. La inversión no es algo que solo hacen los ricos, por el contrario, es una habilidad que cualquiera puede aprender y, una vez que entiendes cómo funciona, te das cuenta de que no es un misterio imposible de resolver.

La necesidad de ahorrar

Antes de empezar a invertir, lo primero que debes hacer es asegurarte de que tienes un buen colchón de seguridad. Porque, seamos sinceros, ¿qué sentido tiene invertir si no tienes dinero suficiente para cubrir un imprevisto? El ahorro es lo que te da estabilidad, es esa red de seguridad que te permite tomar decisiones sin miedo a quedarte sin dinero de un día para otro. Si mañana se te estropea el coche, te toca cambiar la nevera o tienes una urgencia médica, ¿de dónde sale el dinero, si no has ahorrado nada? Ahorrar no es una opción, es una necesidad básica. Es cierto que a veces suena aburrido, que no tiene el *glamour* de invertir en acciones o de comprar bienes inmuebles pero sin ahorro, no puedes empezar a hacer nada de eso. Es como querer construir una casa sin haber puesto los cimientos. Además, el ahorro no solo te proporciona seguridad financiera, sino que también te ayuda a cambiar tu mentalidad respecto al dinero. Cuando ahorras, lo empiezas a ver de otra forma: ya no es solo algo que entra y sale de tu cuenta, sino una herramienta que puedes utilizar para conseguir tus objetivos; puedes pensar más en el futuro, en lo que podrías hacer con esos ahorros y cómo podrían ayudarte a alcanzar la libertad financiera.

Una buena estrategia para asegurarte de que ahorras de forma constante es el famoso preahorro. La idea es simple: en cuanto cobras tu nómina, apartas una parte del dinero y la destinas al ahorro antes de gastarlo en cualquier otra cosa. Es como si te pagases a ti mismo primero; tómalo como si fuera un recibo más, igual que el de la luz o el teléfono. Este método funciona porque no te das la oportunidad de gastar de más, ya que el dinero está apartado y fuera de tu alcance. Y poco a poco, sin que te des cuenta, ese fondo va creciendo.

Piensa en el ahorro como el combustible que te permitirá avanzar en tu vida financiera. Si no lo guardas, cada pequeño contratiempo te dejará frenado en seco. No tener ahorros significa que cualquier gasto inesperado puede convertirse en una crisis que te obligaría a recurrir a préstamos o tarjetas de crédito, y es entonces cuando empiezas a acumular deudas que son muy difíciles de manejar una vez que se salen de control. Lo ideal sería que tuvieras un colchón de entre seis meses y un año de tus gastos mensuales, es decir, si tu gasto fijo (recibos, compras, impuestos, gasolina, ocio y más) es de mil euros al mes, deberías conseguir tener un ahorro de entre seis mil y doce mil euros, que solamente tocarías en caso de emergencia.

Además, el ahorro no tiene por qué ser algo doloroso o difícil, no hace falta que reserves grandes sumas de golpe. Lo importante es la constancia: aunque solo puedas apartar una pequeña cantidad cada mes, ese hábito constante es lo que marca la diferencia. Recuerda que ahorrar no es una carrera de velocidad, es más bien una maratón. El objetivo es ir construyendo poco a poco ese colchón que te dará tranquilidad y que te permitirá dar el siguiente paso hacia la inversión. Además, ahorrar te da algo muy importante: la libertad de elección. Cuando tienes ahorros, puedes permitirte tomar decisiones sin estar atado a un salario mensual o a deudas; te da la flexibilidad de cambiar de trabajo, de invertir en una oportunidad que se presente o simplemente de no tener que preocuparte tanto por lo que pueda pasar mañana. Y lo más importante es que el ahorro es la base de cualquier inversión, es decir, no puedes invertir lo que no tienes. Así que antes de pensar en multiplicar tu dinero, asegúrate de que tienes una base sólida sobre la que trabajar. Si consigues establecer este hábito, habrás dado el primer paso hacia la libertad financiera. Ahorrar es como plantar las semillas que en el futuro te darán los frutos de tus inversiones.

Es verdad que muchas personas sienten que no pueden ahorrar porque, entre los bajos sueldos y el aumento constante del coste de vida, cada euro parece esfumarse antes de llegar al final del mes. Es una realidad dura y, cuando se ve desde esa perspectiva, el concepto de ahorrar —y mucho menos de invertir— parece una fantasía. ¿Cómo se va a invertir si no hay nada que ahorrar? Y aquí es donde aparece la primera barrera mental: «no puedo ahorrar, por lo tanto, no puedo invertir, por lo tanto, es imposible». Pero no es tan simple como eso. Si después de emplear todos los trucos posibles para recortar gastos, sigues sin poder ahorrar nada, entonces la solución no pasa tanto por gastar menos, sino por ganar más. No hay que tener miedo a esa idea, aunque a veces suene abrumadora. Vivimos en una época donde la diversificación de ingresos es más accesible que nunca; puedes buscar un segundo trabajo, ofrecer servicios *freelance*, vender cosas que ya no necesitas o incluso intentar crear un pequeño negocio *online*. Hoy día, la tecnología te brinda infinitas oportunidades para generar ingresos adicionales sin tener que abandonar completamente tu empleo principal. A veces, aumentar los ingresos es la única forma de crear ese colchón que te permitirá ahorrar y, en última instancia, invertir.

La carrera de la rata

Esto es algo de lo que probablemente ya hayas oído hablar, pero quizá no te diste cuenta de que podrías estar corriendo en ella sin saberlo. Este concepto lo popularizó Robert Kiyosaki en su libro *Padre rico, padre pobre*, donde describe esa sensación de estar siempre corriendo detrás del dinero sin llegar a ninguna parte. ¿Te suena familiar? Trabajas duro, cobras tu sueldo, pagas facturas y, al final del mes, parece que no queda nada para ti. Así, mes tras mes, entras en un ciclo que no parece tener fin. Y lo peor es que, a pesar de todo ese esfuerzo, sientes que no avanzas. Es como si estuvieras en una rueda de un hámster: te esfuerzas al máximo, pero siempre estás en el mismo lugar. Sigues corriendo porque si te detienes, las facturas no se pagan solas. Es una trampa, pero es más común de lo que crees.

La clave de la carrera de la rata es que cuanto más ganas, más gastas. Empiezas ganando poco y te ajustas a vivir con ese dinero, pero cuando te suben el sueldo o cambias a un trabajo mejor, en lugar de ahorrar e invertir, ajustas tus gastos al nuevo nivel de ingresos: te compras un coche mejor, sales más a cenar, te mudas a una casa más grande... y antes de que te des cuenta, estás en el mismo punto que antes: trabajando solo para cubrir tus gastos. Este ciclo puede ser muy frustrante, porque te da la sensación de que por mucho que trabajes, nunca podrás salir adelante. No importa cuánto te esfuerces, siempre parece que el dinero se va más rápido de lo que llega. Y aquí es donde entra en juego algo crucial: la educación financiera. No se trata de ganar más dinero, sino de aprender a gestionar lo que tienes.

La realidad es que no importa cuánto ganes, si no sabes cómo gestionar tus ingresos. Puedes ganar tres mil o treinta mil euros al mes, pero si no controlas tus gastos y no ahorras ni inviertes, te encontrarás en la misma situación: corriendo y corriendo sin llegar a ningún sitio. La clave para escapar de la carrera de la rata no está en ganar más, sino en cambiar tu mentalidad respecto al dinero. Para empezar a salir de este ciclo, es importante que crees un plan financiero. Esto implica tener una visión clara de tus ingresos y de tus gastos, pero también de tus objetivos a largo plazo. No se trata de dejar de disfrutar de la vida, sino de ser consciente de hacia dónde va tu dinero. ¿Realmente necesitas todo lo que compras? ¿Hay formas de reducir tus gastos sin sacrificar tu calidad de vida? A veces, con pequeños ajustes, puedes empezar a liberar dinero que puedes destinar a ahorrar o invertir.

Salir de la carrera de la rata también implica romper con la idea de que más es mejor. Vivimos en una sociedad que te empuja constantemente a consumir —a tener el último móvil, el coche más nuevo, la casa más grande—, pero este deseo de tener más solo te mantiene atado a un ciclo de consumo y trabajo que no te deja avanzar. En lugar de centrarte en lo que necesitas, empiezas a desear lo que otros tienen, y eso te lleva a gastar más de lo necesario. Una buena estrategia para escapar de esta trampa es aprender a vivir por debajo de tus posibilidades. Sin embargo, esto no significa vivir de forma austera o privándote de todo, por el contrario, es aprender a disfrutar de lo que tienes sin sentir la necesidad de gastar cada vez más. Cuanto menos dependas de tus ingresos para mantener tu estilo de vida, más libertad tendrás para ahorrar, invertir y avanzar hacia tus metas financieras.

Finalmente, recuerda que el objetivo no es solo ganar dinero, sino hacer que el dinero trabaje para ti. Cuando empiezas a ahorrar e invertir de forma inteligente, tu dinero comienza a generar más dinero. Y es entonces cuando realmente empiezas a salir de la carrera de la rata; porque ya no estás corriendo solo para cubrir tus gastos, sino que estás construyendo un patrimonio que te da más libertad a largo plazo.

Escapar de la carrera de la rata es posible, pero requiere cambiar tu forma de ver el dinero: en lugar de correr detrás de él, debes aprender a gestionar lo que tienes y a construir un futuro en el que tu dinero trabaje para ti, y no al revés.

La inflación

Hablemos sobre este fenómeno, tan temido que parece que está siempre al acecho. En pocas palabras, la inflación es el aumento generalizado de los precios de los bienes y servicios, es decir que con el tiempo, tu dinero pierde poder adquisitivo. ¿Recuerdas cuando ibas al supermercado y con cincuenta euros llenabas el carrito? Pues ahora esos mismos cincuenta euros te dejan el carrito a medias y aún te preguntas cómo es posible que el queso y el café cuesten tanto. Bienvenido al mundo de la inflación, que no es otra cosa que el encarecimiento de la vida. A lo largo del tiempo, lo que antes comprabas con X dinero ahora cuesta más. Y aquí es donde entra el verdadero problema: si tienes dinero ahorrado y no lo mueves, la inflación se lo está comiendo. Realmente, es como si dejaras tus billetes al sol y se fueran deshaciendo poco a poco. A corto plazo puede que no lo notes tanto, pero a la larga, tu dinero no te va a rendir como lo hacía antes.

El IPC (Índice de precios al consumidor) es lo que se utiliza para medir la inflación. ¿Y esto qué significa? Pues es un índice que mide el precio de una «cesta de la compra» representativa de los bienes y servicios que usamos a diario: comida, gasolina, alquiler y más. Si los precios de esa cesta suben, tenemos inflación. Es el indicador que nos muestra cómo de caros se están poniendo los productos que solemos comprar. ¿Por qué ocurre esto? Hay varias razones. Por ejemplo, si de repente todo el mundo empieza a demandar más productos, los precios suben porque la oferta no puede seguir el ritmo. O si a los productores les cuesta más fabricar esos productos porque, por ejemplo, suben los salarios o los valores de las materias primas, ese coste extra se lo trasladan al consumidor. Ah, y no nos olvidemos de la devaluación de la moneda: si el euro pierde valor frente a otras divisas, los productos que importamos se encarecen y eso también contribuye a la inflación.

Desde hace décadas, el dinero ya no está ligado al oro como lo estaba antes. Es decir, cuando hace muchos años tenías un billete, ese papel representaba una cantidad de oro en las reservas del banco central de tu país. Pero hoy en día, el dinero es lo que se llama *fiat*, que es una forma bonita de decir que el dinero es válido porque todos confiamos en que lo es. Básicamente, es como si el billete de cincuenta euros que tienes en la cartera fuera una promesa de valor que en realidad, solo existe porque todos aceptamos que ese papel tiene un valor. Ahora bien, cuando los bancos centrales (por orden de los gobiernos) deciden imprimir más dinero, esa promesa de valor empieza a tambalearse. Piensa en esto: si hubiera más y más billetes de cincuenta euros circulando, pero la cantidad de cosas que puedes comprar no aumentara, esos billetes empezarían a valer menos. Es como si de repente hubiera tantas entradas para un concierto que ya no fueran exclusivas, y todo el mundo pudiera entrar sin problema. Cuanto más dinero hay en circulación, menos vale.

Esto se llama *aumento de la masa monetaria*. Y cuando los gobiernos se encuentran con problemas económicos, como una recesión o una crisis financiera, a menudo deciden «solucionarlo» imprimiendo más dinero para poder cubrir gastos. Parece una solución rápida, pero en realidad es como poner una tirita en una herida que necesita puntos. ¿Por qué? Porque al aumentar la cantidad de billetes en circulación, lo que hacen es devaluar el dinero que ya tienes. De repente, el que tenías ahorrado vale menos porque hay mucho más circulando. Este proceso de imprimir más dinero provoca inflación porque, aunque hay más billetes en la calle, la cantidad de bienes y servicios sigue siendo la misma; así que todo sube de precio. Por ejemplo, tras la crisis de 2008, muchos bancos centrales recurrieron a la impresión de dinero, una práctica que, si bien evitó una crisis peor a corto plazo, contribuyó a una inflación más alta en los años siguientes. Y algo parecido ocurrió durante la pandemia de COVID-19: los gobiernos inyectaron grandes cantidades de dinero para rescatar la economía, pero esto generó una subida de precios que todos sentimos.

Entonces ¿por qué es importante entender la inflación? Porque afecta directamente a tu dinero: cada año, vale menos. Y aquí está el meollo del asunto: si solo ahorras y no inviertes, estás perdiendo poder adquisitivo. Guardar el dinero bajo el colchón no es una estrategia, es ver cómo se deshace sin que te des cuenta. Pero ojo, no todo está perdido, ya que invertir es la mejor forma de protegerte contra la inflación. ¿Por qué? Porque si haces las cosas bien, puedes conseguir que tu dinero crezca a un ritmo más rápido que el de la inflación. Cuando inviertes en activos que generan una rentabilidad superior a la inflación, no solo mantienes tu poder adquisitivo, ¡lo aumentas! Por ejemplo, invertir en acciones puede darte rendimientos que superen con creces la inflación a largo plazo. Y ni hablemos de los bienes inmuebles, que también tienden a mantener su valor o incluso a aumentar con el tiempo, protegiéndote de esa pérdida de poder adquisitivo.

Para resumir: si no inviertes, estás dejando que la inflación gane la partida. Es como estar en una carrera en la que tú vas caminando y la inflación corriendo a tu lado; si no aceleras, te adelanta. Así que la inversión no es solo una opción, sino que es una necesidad, es la clave para que tu dinero no pierda valor con el paso de los años. Y cuanto antes lo entiendas, antes dejarás de ver cómo tu dinero se encoge.

La pensión pública

Se trata de uno de los pilares del bienestar social en España y en muchos otros países, pero también es un tema rodeado de incertidumbre y preocupación. Durante décadas, el sistema de pensiones ha sido el principal sustento de millones de personas mayores que finalizaron su vida laboral. Sin embargo, debido a los cambios demográficos y a las tensiones económicas, es necesario replantearse el papel que jugará la pensión pública en el futuro y por qué no podemos depender únicamente de ella para garantizar nuestra seguridad económica en la vejez.

En España, la pensión pública sigue el modelo de reparto, lo que significa que los trabajadores activos financian las pensiones de los jubilados actuales. Es un sistema basado en la solidaridad intergeneracional: los que cotizan hoy permiten que los pensionistas reciban su pensión mensual. Suena bastante sencillo, ¿no? Los que están trabajando hoy ayudan a los que ya trabajaron, y cuando tú te jubiles, serán los que trabajen en el futuro quienes financien tu pensión. La teoría es muy bonita, pero claro, el problema viene cuando te das cuenta de que esa rueda está empezando a frenarse. ¿Por qué? Porque los números no salen.

Uno de los problemas más graves que enfrenta el sistema de pensiones en España es el envejecimiento de la población. La esperanza de vida ha aumentado de manera notable en las últimas décadas: en 2023, la esperanza de vida ronda los 83 años, una de las más altas del mundo. Esto, sin duda, es una buena noticia para la salud y el bienestar de las personas, pero supone un problema importante para el sistema de pensiones, que se diseñó en una época en la que las personas vivían menos tiempo tras jubilarse. Si la gente vive más tiempo, también pasa más años recibiendo pensiones; esto implica una mayor presión financiera sobre el sistema. Para que todo funcione correctamente, debe haber suficientes personas en edad de trabajar que aporten al sistema mediante sus cotizaciones. Sin embargo, aquí entra el otro gran problema: la tasa de natalidad en España ha disminuido drásticamente en las últimas décadas, y está situada entre las más bajas de Europa, con una media de 1,2 hijos por habitante. El resultado es una pirámide poblacional invertida que incluye menos jóvenes que entran al mercado laboral y más personas jubiladas. Según proyecciones del Instituto Nacional de Estadística (INE), para 2050 más del 30 % de la población española tendrá más de 65 años, lo que significa que habrá más pensionistas que nunca y, proporcionalmente, menos trabajadores para sostener el sistema.

El problema de base es que el número de cotizantes por pensionista ha disminuido considerablemente. A principios de la década del ochenta, por cada pensionista había alrededor de cuatro cotizantes. Hoy en día, esa proporción ha caído a menos de dos cotizantes por pensionista, y las previsiones indican que seguirá bajando. Para que el sistema sea sostenible a largo plazo, se necesita una proporción mucho más alta. ¿Qué implica esto? Que si no se realizan cambios estructurales en el sistema, la carga sobre los trabajadores activos aumentará considerablemente. En otras palabras, habrá que subir las cotizaciones sociales o reducir las prestaciones de las pensiones futuras para mantener el sistema funcionando, lo que no es precisamente una perspectiva alentadora.

Para dar un ejemplo claro, según un informe del Banco de España, el déficit del sistema de pensiones en 2022 fue de aproximadamente diesciocho mil millones de euros, y esto no es un caso aislado. Cada año, el Estado tiene que cubrir este déficit mediante deuda o transferencias presupuestarias. Si el sistema sigue por este camino, será difícil sostener las pensiones sin recortar las prestaciones o aumentar la edad de jubilación.

El debate político en torno a las pensiones es un tema extremadamente delicado. La razón principal es que proponer cambios profundos en el sistema de pensiones puede ser un suicidio electoral para cualquier partido político. Los pensionistas son un sector muy numeroso del electorado, y ningún gobierno quiere arriesgarse a perder su apoyo al sugerir recortes en las pensiones o aumentar drásticamente la edad de jubilación. Por lo tanto, es común ver a los políticos hacer promesas sobre la estabilidad de las pensiones, asegurando que todo está bajo control, sin abordar de manera transparente los problemas financieros que enfrenta el sistema. Sin embargo, la realidad es que los cambios son inevitables. Países como Suecia ya han pasado de un sistema de reparto a un sistema de cuentas individuales; en este, las contribuciones se invierten para generar rendimientos y reducir así la dependencia del número de trabajadores activos. Este tipo de reforma es controvertida, pero muchos economistas consideran que es una alternativa más sostenible. Una de las posibles soluciones que se han propuesto es el cambio hacia un sistema de capitalización: cada trabajador debería invertir sus contribuciones en una cuenta individual que generaría rendimientos a lo largo del tiempo. Esto daría más autonomía a cada individuo sobre su pensión futura y reduciría la presión sobre el sistema de reparto. Países como Chile ya implementaron un sistema similar, aunque con algunos retos. En Suecia, por ejemplo, se combinan los dos sistemas: una parte de la pensión proviene del sistema de reparto tradicional y otra parte, de las cuentas personales de los trabajadores.

Sin embargo, cambiar de un sistema de reparto a uno de capitalización no es sencillo. Requiere una transición cuidadosa y, sobre todo, voluntad política. Además, el sistema de capitalización no está exento de riesgos: la volatilidad de los mercados financieros podría afectar el valor de las pensiones futuras si las inversiones no son bien gestionadas. Con este panorama, lo más sensato es no depender exclusivamente de la pensión pública. Para garantizar una vejez sin sobresaltos financieros, es fundamental que cada persona asuma la responsabilidad de su propio futuro económico. ¿Y cómo hacerlo? A través de la educación financiera y de las inversiones personales.

Si entiendes cómo funcionan las finanzas personales y el interés compuesto y empiezas a invertir de forma temprana, estarás construyendo una red de seguridad adicional para tu jubilación. Imagina que, además de la pensión pública, tienes un plan de pensiones privado, inversiones en fondos indexados o incluso inmuebles que generen rentas. Cuantas más fuentes de ingresos tengas, menos dependerás de lo que haga el Estado con las pensiones.

Vamos a poner un ejemplo práctico para que quede más claro. Imagina que tenemos a Juan y Marta, dos personas de 35 años que ganan lo mismo. Ambos saben que la pensión pública no va a ser suficiente, pero solo Marta decide tomar medidas a tiempo: abre un plan de pensiones privado y además invierte ciento cincuenta euros al mes en un fondo indexado que sigue el mercado. Juan, en cambio, prefiere guardar ese dinero en una cuenta bancaria, pensando que está «a salvo». Avanzamos treinta años en el tiempo y Marta, gracias al interés compuesto y a las rentabilidades del mercado, ha acumulado casi doscientos mil euros en su plan de pensiones y en sus inversiones. Juan, por su parte, solo tiene

54 mil euros en su cuenta bancaria. ¿Ves la diferencia? Marta podrá complementar su pensión pública con esos ahorros, mientras que Juan estará mucho más limitado, dependiendo casi exclusivamente de lo que el Estado le pague.

Este ejemplo no es para asustarte, sino para mostrarte que, con pequeños pasos hoy, puedes asegurarte un futuro financiero mucho más estable. Invertir no tiene que ser complicado ni requiere cantidades enormes de dinero. Lo importante es empezar cuanto antes. Si decides dejar todo en manos del Estado y depender solo de la pensión pública, lo más probable es que cuando te jubiles, el panorama no sea tan brillante como esperabas. Imagina esto: te jubilas a los 67 años y la pensión que recibes no es suficiente para mantener el mismo estilo de vida que tenías antes; quizá tengas que reducir gastos, hacer malabarismos para llegar a fin de mes o incluso buscar un empleo a tiempo parcial para complementar tus ingresos. Eso es exactamente lo que queremos evitar.

El Banco de España ya ha advertido que el sistema de pensiones está en una situación insostenible. Sin reformas importantes, el futuro de las pensiones será cada vez más incierto, y el Estado podría verse obligado a recortar prestaciones o retrasar aún más la edad de jubilación. Así que la idea de que te puedas jubilar a los 65 y vivir cómodamente sin preocuparte es, en muchos casos, poco realista si no tomas medidas adicionales.

El futuro del sistema de pensiones en España está lleno de interrogantes, pero lo que sí está claro es que, en su estado actual, el sistema enfrenta graves problemas de sostenibilidad. Aunque los políticos intenten evitar el tema, los cambios estructurales serán necesarios tarde o temprano. Por eso, la mejor estrategia para garantizar tu seguridad financiera es tomar el control de tus finanzas ahora mismo. No puedes depender solo de la pensión pública. Invertir en educación financiera, entender los mercados y crear tu propia estrategia de inversión te dará la libertad y la tranquilidad que necesitas para disfrutar de la jubilación sin depender exclusivamente del Estado.

Las deudas

Estas pueden parecer inofensivas al principio, pero si no las manejas con cuidado, pueden convertirse en un problema grave. Todos conocemos la tentación de financiar una compra: «lo pago poco a poco, no parece tanto». Pero no nos damos cuenta muchas veces de que los intereses se acumulan, y lo que parecía una deuda pequeña puede convertirse en algo mucho más grande y complicado de lo que imaginábamos. Las tarjetas de crédito son un buen ejemplo de esto, ya que te permiten comprar algo hoy y pagarlo después, pero si no liquidas el saldo completo al final de mes, los intereses empiezan a sumar. Y no estamos hablando de un pequeño porcentaje: las tasas pueden llegar a ser del 20 % o incluso más. Esos intereses actúan como una trampa silenciosa que al principio parece manejable, pero que con el tiempo se convierte en un agujero del que es difícil salir. Cada mes que no pagas la deuda completa, estás perdiendo dinero que podrías estar ahorrando o invirtiendo.

Pero aquí no se trata solo de tarjetas de crédito. También hay empresas que aprovechan la falta de educación financiera de muchas personas para vender productos innecesarios con financiamientos de intereses abusivos. Esto es algo que, por desgracia, viví de cerca con mis propios padres. Cuando ellos comenzaron a comprar cosas que no necesitaban, lo hacían a través de préstamos y financiaciones con intereses altísimos. No sabían bien lo que estaban haciendo, en parte porque no tenían las herramientas para entenderlo, y en parte porque ya estaban empezando a sufrir los efectos de la demencia, aunque yo no lo sabía en ese momento. Lo que parecía una compra fácil, el «pagarlo en cómodos plazos», se fue acumulando hasta que, cuando me di cuenta, la deuda ascendía a más de doce mil euros, mientras que en su cuenta corriente solo tenían poco más de seis mil. Imagínate la situación: debían el doble de lo que tenían, y por productos que ni siquiera llegaban a usar en muchos casos, que además se vendían a precios mucho más altos de lo que realmente valían.

Este tipo de deudas no solo te frena financieramente, también te carga una enorme presión emocional y mental. En el caso de mis padres, aunque nunca fueron realmente conscientes de lo que estaba pasando, a día de hoy, con mi padre ya fallecido y mi madre sufriendo de Alzheimer, esas deudas aún se están pagando. Todo por haber comprado cosas que no necesitaban y haber confiado en el «pago a plazos» sin ser conscientes de los intereses que acumulaban.

Por eso, mi consejo es claro: piensa dos veces antes de comprar algo innecesario, y mucho más si es a crédito o con financiación. Si realmente tienes que financiar algo, asegúrate de que los intereses sean razonables y de que lo que estás comprando te aporte un valor real. No te dejes llevar por la comodidad de pagar poco a poco sin pensar en la deuda que vas acumulando. Ahora bien, si ya tienes deudas, no te desesperes. Lo primero que debes hacer es eliminar las que tienen los intereses más altos; si logras deshacerte de ellas cuanto antes, ese dinero que antes se iba en pagar intereses podrás usarlo para algo que realmente te beneficie. Es como quitarte una carga de los hombros que te impide avanzar. El dinero que liberes de los intereses puede empezar a trabajar para ti, ya sea en ahorros o inversiones.

Entiendo que pagar una deuda grande no es fácil, y mucho menos cuando los intereses siguen aumentando cada mes. Por eso, una estrategia efectiva es concentrarte primero en las deudas que más te están costando, ataca las que tienen intereses más elevados y, una vez las eliminas, podrás centrarte en las demás. También hay quienes prefieren empezar por las deudas más pequeñas para ir ganando terreno. Ambas opciones son válidas, lo importante es tener un plan y ser constante. El objetivo final es liberarte de esas deudas para poder usar tu dinero en cosas que realmente te aporten valor. Una vez que te deshagas de las de altos intereses, ese dinero que antes destinabas a los pagos mensuales puede ser usado para ahorrar, invertir o incluso para proyectos que realmente mejoren tu calidad de vida. Ya no estarás trabajando para pagar deudas, sino para construir un futuro más seguro.

No todas las deudas son malas, eso también es importante decirlo. Existen las que pueden ayudarte a avanzar, como una hipoteca para una vivienda o un préstamo para iniciar un negocio. Pero la clave aquí es entender bien la diferencia entre una que puede generar valor a largo plazo y una que solo te resta capacidad financiera. Antes de firmar cualquier contrato de financiación, pregúntate: «¿Esto me ayudará a crecer en el futuro o solo me traerá más problemas?». Si la respuesta es que te va a aportar un valor real a largo plazo, como una inversión que puede crecer con el tiempo, entonces puede tener sentido asumir esa deuda. Pero si es solo para cubrir una compra impulsiva o un gasto que no es necesario, probablemente sea mejor evitarla. Aquí es donde entra la importancia de tener un buen criterio financiero. No se trata solo de tener dinero, sino de saber manejarlo con cabeza.

La experiencia que vivimos con mis padres me enseñó lo crucial que es estar informado, ser consciente de lo que se firma y nunca asumir deudas sin haberlo pensado bien. Ellos no tuvieron esa educación financiera ni la salud mental para tomar decisiones acertadas en su momento, pero ahora que tú tienes la oportunidad de aprender, te animo a que no caigas en esa trampa. Las deudas con altos intereses pueden convertirse en una espiral sin fin si no las controlas, y lo mejor que puedes hacer es evitar compras innecesarias, sobre todo si las estás financiando. Tomar el control de tus deudas es un paso esencial para avanzar hacia tu libertad financiera. Cuando eliminas esas cargas, abres espacio para que tu dinero trabaje para ti, y ahí es cuando realmente comienzas a notar la diferencia en tu economía.

El interés compuesto

Es lo que puede transformar completamente la forma en que entiendes el dinero. A algunos les suena como un concepto técnico y aburrido, pero créeme, si lo entiendes bien, te va a encantar. Albert Einstein lo llamó la «octava maravilla del mundo», y no es para menos. Es como si tu dinero empezara a trabajar para ti las 24 horas del día, sin que tengas que mover un dedo. Literalmente, es dinero que genera más dinero.

Te lo explico con un ejemplo muy sencillo: imagina que inviertes mil euros a una tasa de interés anual del 5 %. El primer año, ganarías cincuenta euros en intereses. Hasta aquí todo normal, ¿verdad? Pero lo interesante viene ahora: en el segundo año, no solo ganarías otros cincuenta, sino que esos euros de intereses que obtuviste el primer año también empezarán a generar rendimientos. Es decir, tu dinero ahora no solo trabaja sobre los mil euros iniciales, sino sobre los mil cincuenta. Y así, cada año, se irá sumando más y más.

Este proceso de interés sobre el interés es lo que hace que con el tiempo tu inversión crezca de forma exponencial. Es como plantar un árbol que no solo crece más cada año, sino que además empieza a dar frutos, y esos frutos plantan más árboles. Y cuanto más tiempo dejes que el interés compuesto trabaje, más grande será tu «bosque» financiero.

El verdadero secreto del interés compuesto está en el tiempo. Cuanto antes empieces, mejor. Puede que al principio no veas grandes resultados, pero con los años, el efecto acumulativo se dispara. Es un proceso lento pero seguro. Quizá no veas grandes diferencias en un corto tiempo, pero si mantienes tu inversión a largo plazo, la magia del interés compuesto se hace evidente.

Te pongo otro ejemplo más gráfico: si inviertes mil euros a una tasa del 5 %, en diez años tendrías aproximadamente 1628, lo cual no parece tanto. Pero si dejas ese dinero ahí durante treinta años, acabarías con más de 4322 euros. ¿Ves la diferencia? Los primeros años el crecimiento es más lento, pero con el tiempo el interés compuesto se encarga de hacer el trabajo pesado por ti. Ahora imagina que no inviertes solo una vez, sino que cada mes aportas una pequeña cantidad. Eso acelera aún más el proceso, puesto que cada aporte adicional se suma a la inversión inicial, y todos esos pequeños aportes también comienzan a generar intereses. Es como ir añadiendo más leña al fuego, haciendo que las llamas crezcan más rápido.

El tiempo es tu mejor aliado cuando hablamos de interés compuesto, y por eso es tan importante empezar a invertir lo antes posible. Incluso si crees que tienes poco dinero, cada euro cuenta. Si inviertes poco, pero lo haces durante muchos años, el resultado puede ser mucho más grande que si empiezas a invertir grandes sumas más tarde. Y lo mejor de todo es que no necesitas ser un experto en finanzas para aprovechar el interés compuesto, puesto que existen productos de inversión muy accesibles como los fondos indexados, que permiten invertir de forma sencilla en el mercado de valores, sin tener que estar pendiente de cada fluctuación. Al dejar tu dinero en una inversión a largo plazo, los rendimientos se van acumulando de forma natural gracias al interés compuesto, y no tienes que estar moviendo el dinero constantemente. También es importante mencionar que el interés compuesto no solo afecta las inversiones, sino que también funciona en tu contra cuando hablamos de deudas. Así es, los intereses de tus deudas también se acumulan y, si no pagas a tiempo, esos intereses generan más intereses. Así que la misma fórmula que te ayuda a hacer crecer tus inversiones puede ser un desastre si no liquidas rápidamente tus deudas. Por eso, lo primero que debes hacer antes de pensar en inversiones es eliminar las deudas con altos intereses, ya que estas te quitan la oportunidad de aprovechar el poder del interés compuesto a tu favor. Una vez libre de deudas, puedes empezar a poner tu dinero a trabajar para ti, en lugar de que los intereses trabajen en tu contra.

En conclusión, el interés compuesto es un verdadero superpoder financiero, pero depende de cómo lo utilices, como cualquier otro. Si lo aprovechas a tu favor, puedes ver cómo tu dinero crece de forma increíble con el paso del tiempo, así que no subestimes la importancia de empezar a invertir pronto, aunque sea poco. El tiempo es el mejor amigo del interés compuesto y, si juegas bien tus cartas, te puede ayudar a construir una base financiera sólida y duradera.

Alcanzar tus objetivos

Todos tenemos grandes sueños en la cabeza. Quizá siempre has querido hacer un viaje épico por Japón y probar sushi en un auténtico restaurante escondido entre los barrios de Tokio, o tal vez tu objetivo es algo más práctico, como comprar ese coche que has estado mirando en las revistas o incluso montar tu propio negocio. Pero ahora hablemos claro: ahorrar es genial, pero si te limitas a meter dinero en una cuenta de ahorros cada mes, podrías acabar sintiendo que tus metas se alejan en lugar de acercarse. ¿Por qué? Bueno, porque mientras tú ahorras pacientemente, la vida sigue su curso y los precios suben. Lo que hoy cuesta mil euros, dentro de unos años podría costar mil quinientos o más. La inflación se convierte en tu enemigo silencioso, haciendo que, aunque ahorres cada mes, tu dinero pierda valor con el tiempo. Así que si no encuentras una forma de hacer que tu dinero crezca, alcanzar esos objetivos puede ser más difícil de lo que parece.

Y aquí es donde la inversión entra en juego. No se trata solo de ahorrar y guardar dinero como si fueras un hámster que llena su madriguera para el invierno. Invertir es lo que permite que tu dinero crezca mientras tú sigues con tu vida. Piensa en ello como si tuvieras a tus billetes trabajando horas extras, sin que tú tengas que hacer más que elegir bien en dónde los pones. Y lo mejor es que si empiezas pronto, tu dinero tendrá tiempo para crecer gracias al famoso interés compuesto (ese gran aliado del que ya hemos hablado).

Vamos a verlo con algunos ejemplos concretos. ¿Tienes en mente un gran viaje que quieres hacer en unos años? Quizá planeas recorrer Sudamérica durante seis meses o hacer una ruta por Europa en tren. No hablamos de cualquier viaje de fin de semana, sino de algo que de verdad te llene de experiencias. A lo mejor podrías ahorrar doscientos euros al mes para eso... Suena bien, ¿no? Pero imagina que en lugar de dejar esos doscientos euros quietos en una cuenta corriente, los inviertes en un fondo de inversión o en acciones de empresas sólidas. A largo plazo, ese dinero podría crecer de manera significativa. Es probable que en unos años no solo tengas lo suficiente para ese viaje, sino que puedas darte el lujo de volar en primera clase o quedarte en hoteles increíbles. ¡Y sin tener que sacrificar tanto!

Vamos a otro ejemplo: comprar una casa. Todos sabemos que los precios de las viviendas suben con el tiempo y que solo ahorrar puede no ser suficiente para llegar a la entrada que necesitas. Pero si inviertes de forma constante durante varios años, esos ahorros pueden crecer mucho más rápido que si solo los dejas acumulándose con esfuerzo y paciencia. El dinero que inviertes hoy te dará el empujón que necesitas para dar ese paso y convertirte en propietario o propietaria antes de lo que esperabas.

También está el caso de quienes sueñan con montar su propio negocio. Si eres de esas pesonas que siempre ha querido emprender, sabes que al principio se necesita una inversión inicial. Tener capital acumulado a través de inversiones inteligentes puede darte la tranquilidad para lanzarte a la aventura sin sentir que te estás ahogando en deudas o poniendo en riesgo tu estabilidad financiera. Invertir a largo plazo te ayuda a construir ese colchón para que, cuando llegue el momento, puedas usarlo para financiar ese proyecto que has tenido en mente durante años.

Lo interesante de todo esto es que invertir no solo te ayuda a alcanzar tus metas, sino que lo hace de forma mucho más rápida y eficiente que si solo te limitaras a ahorrar. El ahorro está bien para ciertos objetivos a corto plazo, como comprarte algo en un par de meses; pero si hablamos de metas más grandes y ambiciosas, la inversión es como esa herramienta mágica que te permite hacer que el tiempo trabaje a tu favor. Por supuesto que aquí hay que tener claro algo: invertir no es una fórmula mágica que garantiza que tu dinero se duplicará de la noche a la mañana, tampoco es una apuesta segura en la que nunca hay riesgos. Pero si inviertes con cabeza, informándote bien y con una estrategia de largo plazo, el crecimiento que puedes conseguir te permitirá no solo alcanzar tus objetivos, sino hacerlo sin sacrificar todo tu tiempo y tranquilidad.

Así que si alguna vez te has preguntado cómo otras personas logran alcanzar esos objetivos tan grandes mientras parecen seguir con sus vidas sin estrés, te aseguro que la respuesta es más sencilla de lo que parece: el secreto está en hacer que tu dinero trabaje por ti. Invertir es esa llave que te abrirá las puertas para lograr lo que te propongas, sin que el esfuerzo recaiga solo sobre tus hombros.

4. PERFIL DE RIESGO Y HORIZONTE TEMPORAL

Si hay algo que debes tener claro antes de meterte de lleno en el mundo de la inversión, es que no todas las inversiones son para todos, ya que esto no se trata de entrar a lo loco en la bolsa o de invertir en criptomonedas porque está de moda. No. Antes de hacer nada, tienes que conocerte bien a ti mismo como inversor. Y eso significa entender dos conceptos clave: tu perfil de riesgo y tu horizonte temporal.

¿Qué es el perfil de riesgo?

Es, básicamente, tu capacidad para asumir pérdidas sin perder la calma. Porque sí, las inversiones pueden subir y bajar, y la pregunta es ¿cómo te sientes cuando tu dinero empieza a tambalearse? Hay personas que pueden ver cómo su inversión pierde valor durante un tiempo y ni se inmutan, y otras que, al primer descenso, quieren salir corriendo. Pues bien, eso define tu perfil de riesgo.

Existen tres grandes perfiles de riesgo:

- Conservador: el tipo de persona que prefiere dormir tranquilo por la noche, aunque eso signifique que tus inversiones crecen más lentamente. Prefieres tener la certeza de que tu dinero está seguro, aunque los rendimientos no sean espectaculares. Vamos, que si tu inversión sube poco a poco y no tienes sustos, estás más que satisfecho.
- Moderado: no te importa asumir cierto riesgo si eso significa obtener algo más de beneficio. Buscas el equilibrio: no quieres estar todo el día preocupado por las caídas del mercado, pero tampoco te conformas con rendimientos bajos. Estás dispuesto a arriesgar un poco si la recompensa merece la pena.
- Agresivo: aquí ya estamos hablando de un auténtico cazador de emociones fuertes. No te importa ver cómo el valor de tus inversiones sube y baja porque entiendes que los grandes beneficios vienen con grandes riesgos. Si las cosas se ponen feas durante un tiempo, confías en que el mercado se recuperará y mantienes la calma. Eres el tipo de persona que apuesta fuerte a largo plazo.

Factores que influyen en tu perfil de riesgo

Ahora que ya tienes claro lo que es el perfil de riesgo, es importante saber que este no se elige al azar, es decir, hay varios factores que influyen en él:

- Edad: es clave. Si tienes veinticinco años, es probable que puedas asumir más riesgos que si tienes sesenta. ¿Por qué? Porque el tiempo está de tu lado. Si pierdes algo ahora, tienes tiempo de sobra para recuperarlo.

Pero si te acercas a la jubilación, es lógico que busques más seguridad para no jugártela.

- Situación financiera: no es lo mismo invertir cuando tienes un colchón de ahorros sólido que hacerlo con lo justo. Si tus finanzas son estables, puedes permitirte asumir más riesgos; en cambio, si tienes deudas o ingresos inestables, quizá te convenga ser más conservador.
- Conocimiento y experiencia: cuanto más sabes, más seguro te sientes a la hora de tomar decisiones. Si conoces bien los mercados y entiendes cómo funcionan las inversiones, puedes estar más dispuesto a asumir riesgos. Pero si eres nuevo en esto, puede que prefieras algo más seguro mientras aprendes.
- Psicología: aquí entran en juego tus emociones. Hay personas que no soportan ver cómo su inversión baja de valor y eso las lleva a tomar decisiones precipitadas. Si eres de los que se agobian fácilmente cuando el mercado tiembla, tu perfil será más conservador. Y no pasa nada, lo importante es ser consciente de ello.

¿Qué es el horizonte temporal de inversión?

Vale, ya tienes más o menos claro tu perfil de riesgo, pero hay otro factor igual de importante que tienes que considerar: el horizonte temporal. Esto es, básicamente, el tiempo que piensas mantener una inversión antes de necesitar ese dinero. Y créeme, esto influye muchísimo en las decisiones que tomarás como inversor.

¿Por qué es tan importante? Porque no es lo mismo invertir pensando en obtener resultados en un año que hacerlo con la mente puesta en dentro de veinte o treinta años. Cuanto más largo sea tu horizonte temporal, más riesgos puedes asumir, porque tendrás tiempo para recuperarte de posibles caídas del mercado. Pero si vas a necesitar ese dinero dentro de poco, lo último que quieres es jugártela en inversiones que suben y bajan como una montaña rusa.

Son tres los tipos de horizontes temporales más comunes:

- Corto plazo (1-3 años): si necesitas el dinero en uno, dos o tres años, lo mejor es que busques inversiones seguras. En este caso, la clave es la liquidez (es decir, que puedas convertir tu inversión en dinero rápidamente) y la estabilidad. No hay espacio para grandes riesgos, porque si el mercado se desploma justo cuando vas a necesitar el dinero, estarás en problemas. Opciones como los bonos a corto plazo, las cuentas de ahorro o los fondos de inversión en renta fija suelen ser las más adecuadas para este horizonte.
- Medio plazo (3-10 años): en este caso, ya puedes permitirte algo más de riesgo. No estamos hablando de hacer apuestas arriesgadas, pero sí podrías empezar a incluir algunos activos de renta variable, como acciones o fondos mixtos. Porque, aunque a corto plazo las acciones pueden ser volátiles, a medio plazo tienes más margen para recuperarte de posibles bajadas y obtener mejores rendimientos. La clave aquí es el equilibrio: diversificar entre inversiones más seguras y entre otras con mayor potencial de crecimiento.
- Largo plazo (más de 10 años): aquí hay mucho más margen para asumir riesgos. Si tienes veinte, treinta o cuarenta años por delante antes de necesitar ese dinero (por ejemplo, si estás pensando en tu jubilación), el tiempo está de tu lado. Las inversiones en renta

variable, como acciones o fondos indexados, suelen ser las más recomendadas a largo plazo porque, aunque pueden tener altibajos en el corto plazo, a largo plazo han demostrado ser de las más rentables. En este caso, la paciencia es tu mejor aliada.

Cómo el perfil de riesgo y el horizonte temporal van de la mano

Ahora que conoces estos dos conceptos, te habrás dado cuenta de que perfil de riesgo y horizonte temporal están estrechamente relacionados. Alguien con un horizonte de inversión largo, como un joven de veinticinco años que está pensando en su jubilación, puede permitirse ser más agresivo y asumir más riesgos porque tiene tiempo de sobra para recuperarse de cualquier caída del mercado. Por el contrario, alguien con un horizonte corto, como quien planea usar su dinero en dos años para una compra importante, debería ser mucho más conservador, alguien que busca seguridad por encima de todo.

Lo ideal es encontrar un equilibrio entre tu perfil de riesgo y tu horizonte temporal. Por ejemplo, si eres una persona conservadora, pero tienes un horizonte largo, quizá no te sientas cómodo invirtiendo todo tu dinero en renta variable, pero puedes considerar una mezcla de inversiones que te permita obtener algo más de rendimiento sin que pierdas la tranquilidad.

Cómo evaluar tu perfil de riesgo

Ahora que ya entiendes qué es el perfil de riesgo y cómo se relaciona con el horizonte temporal, es momento de averiguar cuál es tu perfil personal. Aquí no hay una respuesta única ni un camino recto para todos. Lo primero que tienes que hacer es ser honesto contigo mismo: ¿cómo reaccionas ante la posibilidad de perder dinero?, ¿te asustas con facilidad o puedes soportar los vaivenes del mercado sin que te quite el sueño? Existen herramientas y cuestionarios que te pueden ayudar a evaluar tu perfil de riesgo; muchos bancos y plataformas de inversión los ofrecen: te hacen preguntas sobre tus objetivos financieros, tu tolerancia a las pérdidas y tu horizonte temporal. No es una ciencia exacta, pero puede darte una buena idea de dónde te encuentras en la escala de riesgo. Eso sí, ten en cuenta que tu perfil puede cambiar con el tiempo. No es lo mismo cómo te sientes respecto al riesgo cuando eres joven y tienes toda la vida por delante que cuando estás cerca de la jubilación y necesitas más estabilidad. A medida que cambian tus circunstancias personales —como tu situación financiera, laboral, tus metas o incluso tu experiencia como inversor—, tu perfil puede ir evolucionando. Por eso, es recomendable que hagas este tipo de evaluaciones de vez en cuando, sobre todo si te enfrentas a grandes decisiones financieras.

Cómo crear una cartera diversificada

Hasta aquí hemos hablado de lo fundamental: tu perfil de riesgo y tu horizonte temporal. Ambos conceptos son la base sobre la que se construye cualquier estrategia de inversión sólida. Y es que, cuando hablamos de crear una cartera de inversión diversificada, estos dos elementos son clave para saber cómo estructurarla. ¿Por qué? Porque no todos los activos son iguales y no todos los inversores tienen las mismas necesidades. Lo que puede ser adecuado para alguien joven, con un horizonte temporal largo y una alta tolerancia al riesgo, no lo será para alguien cercano a la jubilación que necesita preservar su capital y evitar grandes sobresaltos. Por eso, a la hora de construir tu cartera de inversión, tienes que tener muy claro quién eres como inversor (tu perfil de riesgo) y cuánto tiempo puedes permitirte mantener tus inversiones (tu horizonte temporal).

Una vez que has definido estos dos aspectos, llegará el momento de aplicar la teoría de carteras de Harry Markowitz: un concepto que revolucionó el mundo de las inversiones en los años cincuenta y que sigue siendo uno de los pilares básicos para gestionar el riesgo en una cartera diversificada. Markowitz planteó una idea bastante simple pero poderosa: no pongas todos tus huevos en la misma cesta. Lo que él propone es que combines distintos activos, con diferentes niveles de riesgo y rentabilidad, para reducir el riesgo general de tu cartera. De este modo, si uno de los activos va mal, los otros podrán compensar esa pérdida. La clave está en que no solo importa la rentabilidad que esperas de cada activo individual, sino también cómo se relacionan entre sí. Imagina que tienes una cartera con acciones y bonos; si el mercado de acciones cae, es probable que los bonos se comporten de forma más estable o incluso suban, lo que te ayudaría a compensar las pérdidas. Esta interacción entre diferentes tipos de activos es lo que reduce el riesgo general de tu cartera sin sacrificar demasiado el potencial de ganancias.

Ahora bien, aplicar esta teoría en la vida real no tiene por qué ser complicado. Ya has visto que conocer tu perfil de riesgo y tu horizonte temporal es esencial, ya que estos te dirán qué porcentaje de tu cartera deberías destinar a activos más arriesgados (como las acciones) y cuánto deberías destinar a activos más seguros (como los bonos o fondos de renta fija). Por ejemplo, si tienes un horizonte temporal largo y una alta tolerancia al riesgo, podrías optar por una mayor proporción de acciones que, aunque más volátiles, ofrecen mejores retornos a largo plazo. Si, en cambio, tienes un horizonte corto y prefieres evitar riesgos, podrías inclinarte más por bonos o fondos mixtos que te ofrezcan mayor estabilidad.

El truco está en encontrar el equilibrio que te permita estar cómodo. ¿Qué significa esto? Pues que, aunque la teoría de Markowitz sugiere una diversificación para minimizar el riesgo, siempre debes ajustarla a lo que te haga dormir tranquilo por las noches. Después de todo, se trata de tu dinero y de tu futuro.

La teoría de las carteras no se queda solo en la elección inicial de los activos, pues otra parte importante es el rebalanceo de tu cartera. A medida que el tiempo pasa, algunos activos pueden crecer más que otros, lo que desbalanceará la proporción inicial que habías establecido. Por ejemplo, si al principio habías destinado un 60 % a acciones y un 40 % a bonos, pero después de unos años tus acciones crecieron mucho, es posible que ahora representen un 70 % de tu cartera. Esto, aunque suena bien, significa que ahora tienes más riesgo del que querías asumir inicialmente. El rebalanceo implica vender parte de lo que ha crecido más y comprar lo que ha crecido menos para volver a tu estructura original. Este proceso de rebalanceo es una forma de mantener el riesgo bajo control sin renunciar a las ganancias que has obtenido.

5. ¿DÓNDE INVERTIR?

Si ya has decidido que quieres empezar a invertir, ahora toca una pregunta clave: ¿dónde hacerlo? Y no me refiero a en qué productos (eso lo veremos más adelante), sino a quién te ayudará a hacerlo. Porque no es cuestión de ir a una tienda y pedir acciones, criptomonedas o un fondo de inversión. Para cada tipo de producto financiero que quieras comprar o vender, necesitas un intermediario. Y ojo, no vale cualquiera.

¿Qué es un intermediario?

Es la entidad o plataforma a través de la cual realizas tus inversiones. Es el puente entre tú y los mercados financieros. Sin uno, sería imposible comprar acciones, fondos de inversión, bonos o cualquier otro activo, porque como inversor individual, no tienes acceso directo a esos mercados. Y, dependiendo del tipo de inversión que quieras hacer, el intermediario que necesitas puede ser muy diferente.

Vamos a ver algunos de los más comunes, según el tipo de producto que quieras manejar.

Bancos

Los bancos no son solo para tener una cuenta corriente o pedir una hipoteca, también son uno de los intermediarios más tradicionales para invertir en fondos de inversión o planes de pensiones. Muchos bancos tienen su propia gama de fondos, y puedes invertir en ellos directamente desde tu cuenta bancaria. El problema es que a menudo ofrecen solo sus propios productos, y estos no siempre son los más rentables o los que mejor se ajustan a tus necesidades. Además, suelen cobrar comisiones más altas que otros intermediarios como los *brokers*; así que, aunque son una opción cómoda (porque ya tienes tu cuenta ahí), conviene comparar bien antes de lanzarte.

Gestoras de fondos

Si decides invertir en fondos de inversión, además del banco, puedes hacerlo a través de gestoras especializadas. Estas empresas se dedican exclusivamente a gestionar fondos, suelen ofrecer una gama más amplia y muchas veces, mejor gestionada que los bancos tradicionales. Las gestoras pueden ser nacionales o internacionales, y el acceso a ellas es cada vez más fácil gracias a las plataformas de inversión *online*.

Lo importante para tener en cuenta es que, aunque estas se encarguen de gestionar el fondo, tú no interactúas directamente con ellas. Normalmente, necesitas un intermediario que actúe como puente entre tú y la gestora, y aquí es donde entran en juego las plataformas de inversión o los *brokers*.

Brokers

También conocidos como corredores de bolsa, son los intermediarios más populares cuando hablamos de acciones, ETF (fondos cotizados), opciones o cualquier otro producto que cotice en bolsa. ¿Te acuerdas de esas películas de los ochenta y noventa, donde unos tipos trajeados corrían de un lado a otro, gritando al teléfono mientras veían números en pantallas gigantes? Pues hoy en día, todo eso ha quedado en el pasado. Ahora, la acción está en Internet y los *brokers online* han hecho que comprar y vender desde tu casa sea tan sencillo como hacer clic. A través de un *broker* puedes comprar y vender acciones de empresas, ETF y otros productos financieros con mucha flexibilidad. Ya no necesitas tener un patrimonio enorme ni pagar comisiones desorbitadas.

Existen muchos tipos de *brokers*, desde los más tradicionales (como los bancos que también actúan como estos) hasta plataformas especializadas, como Interactive Brokers, XTB o Degiro. Estos últimos suelen ofrecer mejores condiciones en términos de comisiones y productos. Pero ojo, no todos los *brokers* son iguales, y es crucial que te asegures de que están debidamente regulados. Cuando hablamos de los que ofrecen productos derivados, como los CFD o el Forex, la mayoría de estos actúan como *market makers*. Pero ¿qué significa esto exactamente? Un *market maker* es básicamente una entidad que «crea mercado», es decir, actúa como contrapartida en las operaciones que realizas. En lugar de enviarte al mercado real para ejecutar tu orden, te ofrece precios en los que puedes comprar o vender y, cuando decides operar, ellos son la otra parte de la operación.

Aquí viene lo delicado: como el *broker* está tomando la posición opuesta a la tuya, sus intereses están en contraposición a los tuyos. En términos simples, el *broker* gana cuando tú pierdes. Imagina que decides abrir una posición en un CFD pensando que el activo subirá de valor: si sube y cierras la operación con beneficios, el *broker market maker* tendrá que pagarte esos beneficios, pero si por el contrario, el precio cae y tú pierdes dinero, ese dinero va a parar al *broker*. Ellos siempre ganan cuando tú pierdes. El problema con los *market makers* es que, al tener intereses opuestos a los del cliente, su incentivo está en que tú pierdas dinero. Como no te están conectando directamente con el mercado real, pueden ajustar ligeramente los precios en su plataforma para que parezca que las condiciones son buenas para operar, pero en realidad, esos pequeños cambios pueden acabar jugando en tu contra. Esto se conoce como *slippage*, es decir que el precio al que ejecutan tu operación no es exactamente el que habías visto en pantalla. Al final, aunque pueda parecer que el *broker* te está ofreciendo buenas oportunidades de mercado, la realidad es que sus márgenes de beneficio dependen en gran parte de tus pérdidas. Además, muchos *market makers* ofrecen un apalancamiento muy alto, lo que te permite abrir posiciones grandes con una cantidad pequeña de dinero. Esto, aunque suena tentador, aumenta el riesgo de que pierdas más dinero del que esperabas. Y si pierdes, ¿a quién crees que va ese dinero? Al *market maker*.

¿Significa esto que no deberías usar uno? No necesariamente, pero es vital que lo hagas con los ojos bien abiertos. Si decides operar con derivados como los CFD o en el Forex, a través de un *market maker*, es fundamental que seas consciente de los riesgos adicionales. No todos son «malos», pero su modelo de negocio está claramente diseñado para ganar cuando sus clientes pierden, así que hay que tener mucho cuidado. La mejor estrategia es informarte bien antes de abrir una cuenta con un *broker*. Asegúrate de que estén regulados por organismos reconocidos y siempre ten presente que el apalancamiento es un arma de doble filo: puede amplificar tus ganancias, pero también tus pérdidas.

Exchange de criptomonedas

Si tu interés está en las «criptos», los intermediarios que necesitas son los *exchange*. Estas son plataformas específicas donde puedes comprar, vender y almacenar criptomonedas (creo más correcto referirse a ellas como «criptoactivos»), como bitcoin, ether y muchas otras. Aquí, sin embargo, hay que tener mucho cuidado: el mundo de los criptoactivos está mucho menos regulado que los mercados tradicionales, lo que significa que es más propenso a estafas. Asegúrate de utilizar un *exchange* que tenga una buena reputación y esté registrado en la CNMV u otro organismo regulador reconocido. Algunos de los *exchange* más populares y con mejores garantías son Coinbase, Binance o Kraken. Y un consejo importante: aunque estos permitan almacenar tus criptoactivos, lo más seguro es que utilices una *wallet* o billetera privada para mayor seguridad.

Plataformas de *crowdfunding* y *crowdlending*

Otra forma cada vez más popular de invertir es a través de estas plataformas, que permiten a los inversores participar en proyectos que necesitan financiación, ya sea prestando dinero (*crowdlending*) o invirtiendo directamente en proyectos de emprendimiento o inmobiliarios (*crowdfunding*).

- En el caso del *crowdlending*, los inversores prestan su dinero a empresas o individuos a cambio de un interés, y ese dinero se devuelve con el tiempo, igual que un préstamo bancario.
- En el caso del *crowdfunding*, los inversores participan en el capital de un proyecto, como una *start-up* o una

promoción inmobiliaria, con la esperanza de obtener un retorno más alto en caso de éxito.

Como siempre, es fundamental asegurarte de que estas plataformas estén reguladas. Si no lo está o no tiene las licencias correspondientes, es mejor buscar otra opción. Algunas plataformas conocidas y reguladas son Urbanitae (para proyectos inmobiliarios) o Mintos (para *crowdlending*).

Regulación: un paso esencial antes de invertir

Ya hemos hablado de esto, pero es tan importante que merece una explicación detallada para que no quede ninguna duda. ¿Por qué es crucial que los intermediarios estén regulados? Porque así se garantiza que estas empresas cumplan con ciertas normas y que estén sujetas a una supervisión que proteja tus intereses como inversor.

Cuando eliges un banco, *broker*, *exchange* o cualquier otro intermediario, lo primero que debes hacer es comprobar si están regulados por un organismo de confianza, como la CNMV (Comisión Nacional del Mercado de Valores) en España. Los intermediarios regulados están obligados a actuar con transparencia, a mantener la seguridad de tus fondos y a ofrecerte protección legal en caso de que ocurra algún problema. Además, en algunos casos, tu dinero puede estar cubierto por un fondo de garantía que te protegerá si el intermediario quiebra o desaparece. Por el contrario, si inviertes con un intermediario no regulado, o regulado en paraísos fiscales o países con regulaciones laxas, como las islas Seychelles, Vanuatu o Belice, no tienes las mismas garantías. Estos intermediarios pueden operar legalmente en sus países de origen, pero eso no significa que tu dinero esté seguro: desconfía de los que están registrados en estos lugares, porque en caso de fraude o problemas, será mucho más difícil recuperar tu dinero o hacer cualquier tipo de reclamación legal.

Chiringuitos financieros y promesas de rentabilidades milagrosas

Llegados a este punto, no podemos pasar por alto una realidad incómoda: el mundo de las inversiones está lleno de chiringuitos financieros y de estafadores que buscan aprovecharse de la falta de experiencia o de la ingenuidad de algunos inversores.

Estos son intermediarios que operan sin estar autorizados ni regulados por ningún organismo oficial; suelen prometer altas rentabilidades en poco tiempo y utilizan tácticas agresivas de *marketing* para atraer a personas que buscan ganancias rápidas. Recuerda, si algo parece demasiado bueno para ser verdad, probablemente no lo sea. Nadie puede garantizarte grandes beneficios sin riesgo y, si alguien lo hace, es muy probable que esté intentando engañarte. Estos chiringuitos financieros suelen desaparecer una vez han recolectado suficiente dinero de sus víctimas, dejando a los inversores sin posibilidad de recuperar su inversión. Es fundamental que te informes bien antes de confiar tu dinero a cualquier intermediario. Si tienes dudas, lo mejor es consultar directamente a la CNMV o revisar su lista de advertencias, donde publican las entidades que operan sin licencia. Además, recuerda siempre aplicar el sentido común: si alguien te promete multiplicar tu dinero en pocos meses, sin apenas riesgo y con una inversión mínima, es una señal clara de alarma. Las inversiones reales y serias implican riesgos, y los beneficios suelen venir con el tiempo, no de la noche a la mañana.

Con esto hemos cubierto los intermediarios más importantes para invertir y las precauciones que debes tomar antes de confiar tu dinero a cualquiera de ellos. El mensaje clave aquí es: invierte solo con intermediarios regulados y ten cuidado con las promesas de rentabilidades imposibles. Si sigues estos principios, tendrás una base sólida para invertir de manera segura y así evitar caer en trampas.

6. PRODUCTOS DE INVERSIÓN

Cuando hablamos de productos de inversión, en realidad nos referimos a todas esas herramientas que tienes a tu disposición para hacer que tu dinero trabaje por ti. Es como si fueras al supermercado de las finanzas, cogieras un carrito y, en lugar de llenarlo de comida, lo llenaras de acciones, fondos de inversión, bonos, criptoactivos, derivados financieros... Suena bien, ¿no? Pero antes de tirar todo en el carrito sin mirar, es importante saber qué lleva cada «producto» y si realmente te conviene según tus necesidades. Y es entonces que entran en juego las preguntas clave: ¿cuáles son tus objetivos financieros? ¿Quieres ahorrar para la jubilación o para un capricho a corto plazo? ¿Cómo eres de tolerante al riesgo? ¿Eres de los que prefieren no perder el sueño si el mercado se desploma o te gusta la emoción de apostar fuerte? ¿Cuánto tiempo puedes mantener tu dinero invertido? Las respuestas a estas preguntas te ayudarán a elegir qué producto de inversión va mejor con tu perfil.

Lo que mucha gente no sabe es que cada producto financiero tiene su propia personalidad: algunos son tranquilos y predecibles, como los bonos; mientras que otros, como las acciones o los criptoactivos, pueden ser montañas rusas de emociones. Invertir no es una carrera de velocidad, es más bien un maratón. Así que lo más importante es saber cuál es el camino que quieres recorrer, y ahí es donde entra este capítulo.

En las siguientes páginas, vamos a explorar esos productos con calma, explicaremos de manera sencilla cómo funciona cada uno de ellos, cuáles son sus riesgos y qué tipo de inversor podría encontrarlos útiles. La clave está en hallar el equilibrio: ni todo tu dinero tiene que ir a productos ultraseguros, ni todo a los más arriesgados. Y eso, amigo lector, es lo que hace divertida esta aventura financiera: descubrir tu propio camino.

Acciones

Son una forma de comprar una parte de una empresa, pero no estamos hablando de algo que puedas llevarte a casa como si fuera un pedacito físico; en realidad, lo que compras es un porcentaje (a veces muy pequeño) de la propiedad de esa empresa. Al hacerlo, te conviertes en accionista y, en cierto modo, en un pequeño socio de esa compañía. ¿Qué significa esto? Pues que si a la empresa le va bien, tú también te beneficias, pero si las cosas se tuercen, tu inversión podría perder valor.

Uno de los derechos clave de los accionistas es el voto en las decisiones importantes de la empresa. ¿Has oído hablar de las asambleas de accionistas? Se trata de reuniones donde se decide el futuro de la compañía: desde nombrar a los directivos hasta aprobar nuevas estrategias de negocio. Aunque, seamos sinceros, si tienes solo unas pocas acciones, no tiene mucho sentido que te dejes caer por allí, ya que tu voto no tendrá tanto peso como el de los grandes inversores, pero la posibilidad está ahí. Además, si la empresa genera beneficios y decide repartirlos, te llegarán a ti en forma de dividendos. Pero no todas las empresas los reparten; algunas prefieren reinvertir las ganancias para crecer, lo que puede hacer que el valor de las acciones suba más a largo plazo.

Su precio no es estático, cambia todo el tiempo. ¿Por qué? Pues porque las acciones cotizan en bolsa y su valor depende de muchos factores: desde el rendimiento financiero de la empresa hasta cosas que parecen más lejanas, como la situación económica global o los vaivenes políticos. Por ejemplo, si una empresa anuncia que ha lanzado un nuevo producto superinnovador, el valor de sus acciones podría subir porque los inversores esperan que la empresa gane más dinero. Pero si la empresa tiene problemas o la economía está en recesión, el valor de las acciones puede caer. Muchas veces el precio de la acción tiene más que ver con la confianza que los inversores depositan en esa empresa que en su desempeño real. Por eso se dice que, en el corto plazo, el mercado es irracional. Ya que cualquier noticia puede hacer que los inversores se asusten y vendan, y que así hagan caer el precio de las acciones, o todo lo contrario, que se lancen eufóricos a comprar y eleven su precio. Sin embargo, en el largo plazo, esto tiende a estabilizarse y las acciones alcanzan un precio adecuado al rendimiento de la empresa.

Para empezar a comprar y vender acciones, necesitas un *broker*. Hace años, estos eran esos tipos que gritaban delante de pantallas gigantes llenas de números, pero ahora todo es mucho más fácil y accesible gracias a los *brokers online*. Abrir una cuenta en uno es muy sencillo: rellenas un formulario, verificas tu identidad y haces una transferencia de dinero a tu cuenta. Igual que en un banco. Una vez que tu cuenta está lista, puedes buscar las empresas que te interesan y comprar acciones con unos pocos clics. No hace falta que compres miles de euros en acciones, puedes empezar con cantidades pequeñas e ir probando cómo funciona el mercado. Ahora, ¿cómo sabes en cuáles invertir? Este es uno de los grandes dilemas. No basta con elegir una empresa porque te gusta su logo o porque has oído que es muy famosa. Lo ideal es que investigues un poco. Las empresas publican sus resultados financieros regularmente, y estos informes te pueden dar pistas sobre cómo va el negocio. Tener unas nociones de contabilidad es muy recomendable. También es útil ver qué está pasando en su sector, si tiene competencia fuerte o si tiene planes para innovar y crecer. Si todo esto te suena complicado, es normal. Invertir en acciones no es tan simple como «comprar y esperar a que suban», y por eso es importante aprender y tomar decisiones informadas. Lo ideal es que tomes tu tiempo en formarte para ser capaz de analizar las acciones con criterio. Cuando se trata de analizar acciones, existen dos tipos principales de análisis que los inversores suelen utilizar: el análisis fundamental y el análisis técnico.

El primero se centra en estudiar los aspectos financieros y económicos de una empresa. Esto incluye revisar el estado de sus finanzas (como el balance, la cuenta de resultados y el flujo de caja), su posición en el mercado, su capacidad de generar beneficios y los factores externos que podrían afectar su negocio (competencia, regulación, etc.). En otras palabras, trata de responder a la pregunta «¿es esta una empresa sólida y con potencial de crecimiento a largo plazo?». Los inversores que usan el análisis fundamental buscan empresas que estén infravaloradas en el mercado y que, con el tiempo, puedan aumentar su valor.

El segundo se enfoca en el comportamiento histórico del precio de las acciones y el volumen de negociación. Los analistas técnicos no se preocupan por la salud financiera de la empresa, sino por identificar patrones en los gráficos de precios que puedan predecir movimientos futuros. Utilizan herramientas gráficas e indicadores como medias móviles, soportes y resistencias, entre otros, para tomar decisiones sobre cuándo comprar o vender. Es una estrategia que se utiliza más para el corto plazo y suele estar asociada con el *trading* activo.

En resumen, mientras que el análisis fundamental te dice si una empresa es buena en general, el análisis técnico se centra en cuándo es el mejor momento para comprar o vender sus acciones. ¡Muchos inversores combinan ambos!

Además, otra cosa importante es diversificar. Es decir, no pongas todo tu dinero en una sola acción. Si apuestas todo a una única empresa y resulta que esta tiene un mal año, podrías perder mucho. En cambio, si repartes tu inversión en varias empresas de diferentes sectores, reduces el riesgo. Y recuerda: no hace falta que tomes decisiones apresuradas; invertir en acciones puede ser un plan a largo plazo y la paciencia es tu mejor aliada.

También es esencial tener claro que el mercado de acciones puede ser volátil. Es decir, los precios pueden subir mucho un día y bajar al siguiente. Si esto te genera ansiedad, puede que prefieras optar por otras estrategias de inversión más conservadoras. Pero si decides invertir en acciones, lo importante es tener una estrategia clara y no dejarte llevar por las emociones. Muchas veces, los inversores novatos venden sus acciones en cuanto ven una pequeña caída, y pierden la oportunidad de recuperarse cuando el mercado vuelve a subir. Asi que recuerda que las emociones son malas consejeras en el mundo de la inversión.

Finalmente, si decides que las acciones son para ti, también es crucial que tengas claro cuánto riesgo estarás dispuesto a asumir. El consejo más repetido es: nunca inviertas más dinero del que puedes permitirte perder. El mercado de valores tiene momentos brillantes y momentos oscuros y, aunque puede ofrecer muy buenas rentabilidades, también puede generar pérdidas si las cosas no salen como esperabas.

Bonos y deuda pública

Los bonos son instrumentos de deuda que emiten entidades, como gobiernos y corporaciones, para financiar sus actividades y proyectos. Al comprar uno, prestas dinero al emisor a cambio de pagos periódicos de intereses y la devolución del capital invertido al vencimiento del bono. Estos son considerados una inversión de menor riesgo en comparación con las acciones, ya que ofrecen ingresos más predecibles y una devolución garantizada del principal, siempre y cuando el emisor no incumpla sus obligaciones.

Los bonos gubernamentales son emitidos por gobiernos nacionales, regionales o municipales. Los del gobierno nacional, como los del Tesoro en Estados Unidos o los del Estado en España, son generalmente considerados muy seguros, ya que están respaldados por la capacidad del gobierno de recaudar impuestos y emitir moneda. Estos se emiten con diferentes vencimientos, desde corto (letras del Tesoro, con vencimientos de menos de un año) hasta largo plazo (bonos y obligaciones con vencimientos que pueden superar los diez años). Los bonos municipales son emitidos por gobiernos locales para financiar proyectos de infraestructura y servicios públicos y, aunque generalmente son seguros, su riesgo puede variar según la salud financiera del municipio emisor.

Los bonos corporativos son emitidos por empresas para financiar operaciones, expansiones y otros proyectos. Estos suelen ofrecer tasas de interés más altas que los gubernamentales, debido al mayor riesgo asociado con la solvencia de una empresa en comparación con un gobierno. La calificación crediticia de una empresa, evaluada por agencias de *rating* como Moody's, S&P y Fitch, influye en el riesgo percibido y el rendimiento de sus bonos. Las empresas con alta calificación crediticia emiten bonos de grado de inversión, que son considerados relativamente seguros, mientras que las empresas con calificaciones más bajas emiten los de alto rendimiento o «bonos basura», que ofrecen tasas de interés más altas para compensar el mayor riesgo.

Pero además de los bonos, existen otros productos de deuda pública que los gobiernos utilizan para financiarse, como las letras del Tesoro, mencionadas anteriormente. Son bonos de corto plazo emitidos por el gobierno que vencen en menos de un año; ofrecen una inversión segura y líquida, adecuada para los inversores que buscan preservar el capital con un rendimiento modesto. Los pagarés del Tesoro son similares a las letras, pero con vencimientos que pueden extenderse hasta un par de años. Las obligaciones del Estado son bonos a largo plazo, con vencimientos que van desde diez hasta treinta años o más, y ofrecen pagos de intereses periódicos que proporcionan ingresos regulares a los inversores.

Invertir en bonos y en productos de deuda pública puede ser una buena opción, pero hay que tener en cuenta algunos puntos clave para hacerlo con cabeza. Lo primero es echarle un ojo a la calificación crediticia del emisor, es decir, quién está emitiendo el bono. Esto te dice si el emisor es fiable o si hay riesgo de que no cumpla con su parte y de que no te pague lo acordado. Siempre es mejor diversificar tu inversión en bonos para no jugártelo todo a un solo emisor y reducir riesgos. Lo segundo es estar al tanto del riesgo de tipo de interés. Esto significa que, cuando los tipos de interés suben, el precio de los bonos tiende a bajar, y cuando los tipos bajan, el precio sube. Así que los movimientos de los tipos de interés pueden afectar el valor de tus bonos, si decides venderlos antes de tiempo. Lo tercero es no olvidarte de pensar en cuánto tiempo podrás mantener tu inversión y si necesitarás el dinero antes de que venza el bono. Los bonos a largo plazo suelen ofrecer más rendimientos, pero también tienen más fluctuaciones en su precio y están más expuestos a cambios en los tipos de interés. Si entiendes estos conceptos, estarás en una mejor posición para tomar decisiones informadas y equilibrar tu cartera según tus metas financieras.

Materias primas

Son bienes físicos básicos que se utilizan en la producción de otros bienes y servicios. Entre las materias primas más comunes, se encuentran los metales preciosos (como el oro y la plata), los productos energéticos (como el petróleo y el gas natural) y los productos agrícolas (como el trigo, el maíz y el café). Estas se consideran esenciales para la economía global, ya que son los componentes básicos necesarios para la producción y el consumo en múltiples sectores.

Las materias primas se negocian principalmente en mercados de futuros y en bolsas de materias primas especializadas, como el Chicago Mercantile Exchange (CME) y el New York Mercantile Exchange (NYMEX). En estos mercados, los inversores compran y venden contratos de futuros, que son acuerdos para intercambiar una cantidad específica de una materia prima a un precio predeterminado en una fecha futura. Los contratos de futuros permiten a los productores y consumidores de materias primas gestionar el riesgo de precio, y a los inversores, especular sobre las fluctuaciones de precio. Además, las materias primas también pueden negociarse a través de ETF, fondos mutuos y certificados de depósitos de materias primas, que facilitan el acceso a estos mercados sin necesidad de comprar los productos físicos o los contratos de futuros directamente.

Invertir en materias primas presenta varias ventajas para el inversor. Una de las principales es la diversificación, ya que estas suelen tener una correlación baja con otros activos financieros, como las acciones y los bonos. Esto significa que incluirlas en una cartera de inversión puede reducir el riesgo general y mejorar el perfil de rendimiento ajustado al riesgo. Además, las materias primas pueden servir como una cobertura contra la inflación, ya que sus precios tienden a subir cuando el nivel general de importes en la economía aumenta. Esto se debe a que muchas materias primas son insumos clave en la producción de bienes y servicios, cuyo costo se incrementa con la inflación. Sin embargo, invertir en materias primas también tiene desventajas y riesgos significativos, especialmente para el inversor primerizo. Uno de los principales inconvenientes es la alta volatilidad de sus precios, que pueden fluctuar significativamente, debido a factores como la oferta y la demanda global, las condiciones climáticas, las tensiones geopolíticas y las políticas gubernamentales. Esta volatilidad puede resultar en grandes pérdidas si el mercado se mueve en contra de las expectativas del inversor. Además, los contratos de futuros de materias primas pueden ser complejos y difíciles de entender, lo que hace que sea crucial para los inversores educarse y comprender los mecanismos de estos mercados antes de participar.

Otra consideración importante es el riesgo de apalancamiento. Muchos inversores en futuros de materias primas utilizan apalancamiento, lo que significa que solo necesitan depositar una fracción del valor total del contrato como margen. Si bien este puede amplificar las ganancias, también puede aumentar las pérdidas, y en algunos casos, los inversores pueden perder más dinero del que inicialmente invirtieron. Por esta razón, es vital que los inversores gestionen cuidadosamente el riesgo y que utilicen estrategias adecuadas de control de riesgos, como establecer límites de pérdidas.

Fondos de inversión

Son una de las formas más populares y accesibles de invertir, especialmente para quienes no tienen experiencia o prefieren no complicarse demasiado gestionando su dinero. Básicamente, un fondo de inversión es una gran hucha donde muchos inversores ponen su dinero en común, y es gestionado por profesionales que lo invierten en una variedad de activos, como acciones, bonos, inmuebles o incluso criptoactivos, dependiendo del tipo de fondo. Una de sus mayores ventajas es la diversificación: en lugar de poner todo tu dinero en una única acción o bono, el fondo distribuye tu capital entre muchos activos diferentes. Esto ayuda a reducir el riesgo, porque si alguna inversión no sale bien, las otras pueden compensarlo. Es como repartir los huevos en varias cestas, en lugar de jugártelo todo en una sola.

En un fondo de inversión intervienen varios actores. Primero están los inversores, que son los que aportan el dinero. Segundo, la gestora, que es la entidad encargada de gestionar el fondo, es decir, de decidir dónde invertir el dinero para obtener la mejor rentabilidad posible. Tercero, el depositario, que es quien custodia el dinero y los activos del fondo, asegurando que todo esté en orden. Cuarto y último está el supervisor, que en España es la CNMV, el organismo que se asegura de que todo se haga de acuerdo con las leyes y reglamentos para proteger a los inversores.

Existen varios tipos de fondos de inversión, dependiendo de dónde se invierte el dinero. Cada uno tiene un nivel de riesgo y una expectativa de rentabilidad diferente, por lo que es importante entender las características de cada uno.

- Fondos de renta variable: invierten principalmente en acciones de empresas. Son más arriesgados que otros tipos de fondos, ya que el valor de las acciones puede subir o bajar considerablemente, pero a largo plazo suelen ofrecer mayores rentabilidades. Si te gustan las emociones fuertes y puedes permitirte esperar para ver crecer tu inversión, estos pueden ser interesantes.
- Fondos de renta fija: invierten en bonos y otros activos de deuda, que suelen ser más estables que las acciones. Aunque ofrecen menores rentabilidades que los fondos de renta variable, también son menos volátiles. Los bonos pueden ser emitidos por gobiernos o empresas y, en general, los fondos de renta fija se consideran más seguros, ideales para quienes prefieren no arriesgar demasiado.
- Fondos mixtos: como su nombre indica, combinan renta fija y renta variable. Esto significa que el gestor del fondo distribuye el dinero entre bonos y acciones,

ajustando el porcentaje de cada uno, según las condiciones del mercado o la estrategia del fondo. Este tipo busca un equilibrio entre riesgo y rentabilidad.

- Fondos monetarios: invierten en activos muy líquidos y de bajo riesgo, como depósitos bancarios o deuda a corto plazo. No son los que más rentabilidad ofrecen, pero pueden ser útiles si necesitas disponer del dinero pronto o si prefieres un lugar seguro para aparcar tus ahorros mientras decides dónde invertir a largo plazo.
- Fondos indexados: no busca ganarle al mercado, sino simplemente replicarlo. Siguen un índice bursátil, como el IBEX 35 o el S&P 500. La ventaja de estos fondos es que tienen comisiones más bajas, ya que no requieren de una gestión activa: el gestor solo tiene que asegurarse de que el fondo siga al índice. A día de hoy, es una de mis inversiones favoritas y lo que recomendaría para empezar a invertir, por su sencillez y bajo coste.
- Fondos sectoriales: invierten en empresas de un sector específico, como la tecnología, la energía o la salud. Son interesantes si tienes convicción de que un sector crecerá mucho en el futuro, pero también son más arriesgados porque, si el sector en cuestión se ve afectado, todo el fondo podría sufrir.

Cuando hablamos de la gestión de un fondo de inversión, podemos distinguir entre la activa y la pasiva. Por un lado, en los fondos de gestión activa, el gestor está constantemente analizando el mercado, buscando las mejores oportunidades para comprar y vender activos con el objetivo de maximizar la rentabilidad del fondo. Estos suelen tener comisiones más altas, ya que el trabajo del gestor es más activo y requiere más esfuerzo. Por otro lado, los fondos de gestión pasiva simplemente siguen un índice, como los fondos indexados que mencionábamos antes. No intentan superar el rendimiento del mercado, sino que lo replican. Al ser más sencillos de gestionar, tienen comisiones más bajas, lo que los hace muy atractivos para quienes buscan reducir costes.

Una de las diferencias más importantes entre los fondos de inversión y otros productos, como las acciones o los ETF, es que en los primeros compras participaciones, no acciones. Cada participación representa una parte proporcional del fondo. Por ejemplo, si el fondo tiene un valor total de un millón de euros y tú compras mil euros en participaciones, tendrás el 0,1 % del fondo. A la hora de invertir en un fondo, no compras participaciones al instante, como harías con las acciones. En lugar de eso, haces una solicitud de compra, indicando la cantidad que quieres invertir, y el fondo asigna las participaciones cuando se calcula el valor liquidativo (el precio de cada participación), que suele hacerse al final del día. Por eso, la compra de participaciones no se hace efectiva de inmediato, sino que puede tardar uno o dos días en completarse.

Una de las ventajas de los fondos es que puedes comprar participaciones con el importe que deseas, es decir, no necesitas calcular cuántas participaciones puedes comprar: simplemente inviertes el dinero que quieres, y el fondo te asigna las participaciones en función del precio de ese día.

Los fondos de inversión se pueden contratar a través de bancos o plataformas de inversión. Hoy en día, hay muchas opciones *online* que ofrecen una amplia gama de fondos, y en algunos casos, con comisiones más competitivas que las de los bancos tradicionales. Otra de las ventajas más interesantes de los fondos de inversión en España es la posibilidad de realizar traspasos entre fondos, sin tener que pagar impuestos de manera inmediata. Es decir, si decides mover tu dinero de un fondo a otro, no necesitas vender tus participaciones (lo que generaría una ganancia o pérdida patrimonial sujeta a tributación), sino que puedes traspasar el dinero directamente de un fondo a otro. Este proceso no genera ningún tipo de impuesto hasta que decides reembolsar tu inversión, es decir, vender tus participaciones y sacar el dinero. Este mecanismo permite a los inversores ajustar su estrategia de inversión sin preocuparse por el impacto fiscal en el corto plazo, lo que lo convierte en una herramienta muy útil para quienes quieren aprovechar oportunidades en el mercado, sin generar obligaciones fiscales inmediatas. Por ejemplo, si inicialmente invertiste en un fondo de renta fija, pero después decides que prefieres un fondo de renta variable por las mayores oportunidades de crecimiento, puedes hacer el cambio sin pagar impuestos en ese momento.

Cuando decides reembolsar tus participaciones, es decir, venderlas y recuperar tu dinero, se calcula cuánto vale tu participación en ese momento. La cantidad que recibirás dependerá del valor liquidativo de las participaciones al final del día en el que se procesa tu solicitud de venta. Al igual que con la compra de participaciones, este proceso no es inmediato y puede tardar uno o dos días en completarse. Una vez que las reembolsas y obtienes ganancias, tendrás que tributar por ellas en tu declaración del IRPF como una ganancia patrimonial. Estas ganancias, al igual que en el caso de las acciones o los inmuebles, tributan en la base del ahorro, con tipos progresivos que van del 19 % al 27 %, dependiendo de la cuantía de la ganancia obtenida.

A pesar de las ventajas que ofrecen los fondos de inversión, también es importante tener en cuenta las comisiones.

Cada fondo tiene unos gastos asociados que cubren la gestión del fondo, la custodia de los activos y otros servicios que se prestan a los inversores. Estas comisiones se dividen en varios tipos:

1. Comisión de gestión: la cobra la entidad gestora por encargarse de seleccionar y gestionar las inversiones. Esta comisión suele oscilar entre el 0,5 % y el 2 % del patrimonio del fondo, dependiendo de si es de gestión activa o pasiva.
2. Comisión de depósito: la cobra el depositario por custodiar los activos del fondo. Suelen ser más bajas que las de gestión y oscilan entre el 0,1 % y el 0,5 % del patrimonio del fondo.
3. Comisión de suscripción o reembolso: en algunos casos, los fondos cobran una pequeña comisión al comprar o vender participaciones, aunque esto no es muy común hoy en día. Si existe, se te aplicará en el momento de la compra o reembolso de tus participaciones.

Es importante tener en cuenta estas comisiones porque, aunque no las veas directamente, se descuentan del valor del fondo, y por lo tanto, afectan a la rentabilidad neta que obtendrás. El TER (Total Expense Ratio, o Ratio de Gastos Totales) de un fondo de inversión es un indicador que refleja el coste total que supone mantener el fondo. Incluye todos los gastos de gestión, custodia, administración y otras comisiones que cobra la gestora por tramitarlo. Este coste se expresa como un porcentaje del valor total del fondo. Es importante porque afecta directamente a la rentabilidad que recibirás como inversor: cuanto mayor sea el TER, más reducida será la rentabilidad neta. Por eso, siempre conviene fijarse en eso antes de elegir un fondo, ya que fondos con un TER muy alto pueden comerse una parte significativa de tus ganancias. Para darte una idea, un fondo de gestión activa debería tener un TER de entre el 1 y el 2 % para entrar dentro de lo razonable. Si supera más de ese porcentaje de comisiones totales, en mi opinión es un fondo caro y debe ofrecer una rentabilidad extraordinaria para compensarlo. Muchos que ofrecen la banca tradicional supera ese 2 % y su rentabilidad es bastante pobre. En fondos indexados, lo aceptable está entre un 0,10 y un 0,40 %.

En España, los fondos de inversión tienen un tratamiento fiscal bastante favorable. Como mencionamos antes, una de las grandes ventajas es la posibilidad de traspasar dinero de un fondo a otro sin pagar impuestos, hasta que decidas vender tus participaciones. Esto te permite optimizar tu estrategia sin que la fiscalidad limite tus decisiones de inversión. Cuando finalmente decidas reembolsar tus participaciones y obtener las ganancias, estas tributarán como ganancias patrimoniales en la base del ahorro del IRPF. Los tipos impositivos para las ganancias del ahorro en el momento de escribir este libro son los siguientes, aunque podrían cambiar en el futuro, si el gobierno decidiera modificarlos:

- Hasta 6000 euros: 19 %.
- Entre 6001 y 50 000 euros: 21 %.
- Entre 50 001 y 200 000 euros: 23 %.
- A partir de 200 001 euros: 27 %.

Estos tipos progresivos significan que, cuanto mayor sea tu ganancia, más tributarás. Sin embargo, gracias a los traspasos entre fondos y a la gestión profesional, puedes planificar tus inversiones de manera que optimices la carga fiscal.

Como ves, los fondos de inversión son una herramienta muy completa que ofrece flexibilidad, diversificación y gestión profesional, y todo ello con la posibilidad de acceder a distintos mercados sin tener que invertir grandes cantidades de dinero. Si bien tienen comisiones, el impacto fiscal favorable y la comodidad de tener a expertos gestionando tu dinero los convierte en una opción atractiva para muchos inversores.

ETF

Los ETF (Exchange Traded Funds) son productos financieros que, a simple vista, pueden parecerse mucho a un fondo de inversión, pero con algunas diferencias clave que los hacen especialmente atractivos para ciertos inversores. Si los fondos de inversión son una forma cómoda de acceder a una cartera diversificada, gestionada por expertos, los ETF añaden una capa extra de flexibilidad y liquidez, y además suelen tener comisiones más bajas.

Pero vayamos por partes. Un ETF es básicamente un fondo de inversión que cotiza en bolsa, lo que significa que puedes comprar y vender participaciones de ese fondo en cualquier momento del día, de la misma forma en que comprarías acciones de una empresa. En cambio, los fondos de inversión tradicionales no funcionan así: compras participaciones y tienes que esperar al cierre del mercado para que se calcule su valor, lo que puede tardar uno o dos días en ejecutarse. Con los ETF todo es mucho más rápido, porque se comportan como acciones en ese sentido, te dan la posibilidad de comprar o vender en tiempo real mientras el mercado esté abierto.

La principal diferencia es que los ETF se negocian en bolsa, como las acciones, mientras que los fondos de inversión no.

Esto te da una mayor liquidez, porque puedes comprar y vender un ETF al precio exacto en el que cotiza en ese momento, sin esperar al final del día para que se calcule su valor. Y esto también facilita algo que a los inversores más avanzados les encanta: hacer *trading*. Aunque los ETF pueden usarse perfectamente para una estrategia a largo plazo, como los fondos, muchos inversores los utilizan para realizar movimientos rápidos, y así aprovechar los cambios en el mercado. Otro punto que los diferencia es que los ETF suelen tener una gestión pasiva, mientras que muchos fondos de inversión están gestionados activamente. ¿Qué significa esto? Pues que el primero generalmente sigue un índice; por ejemplo, uno que replica el IBEX 35 se encargará simplemente de copiar el comportamiento de ese índice bursátil. Si el IBEX sube, el ETF sube; si el IBEX baja, el ETF baja. No hay un gestor tomando decisiones todo el tiempo sobre qué acciones comprar o vender. Esto, además de hacer las cosas más sencillas, reduce las comisiones.

No todos los ETF son iguales, y aquí también tienes una buena variedad para elegir según tu perfil de inversor y tus intereses. Existen los que siguen índices bursátiles, como hemos mencionado, pero también hay otros sectoriales de materias primas y hasta algunos inversos o apalancados que permiten estrategias más arriesgadas. Vamos a repasarlos:

- ETF de índices: son los más comunes y replican el comportamiento de un índice bursátil, como el IBEX 35, el S&P 500 o el NASDAQ. Estos te permiten invertir en todo el índice de manera diversificada, lo que significa que estás comprando una pequeña parte de todas las empresas que componen ese índice. Esto es muy útil si quieres exponerte a un mercado completo, como el estadounidense, sin tener que seleccionar acciones individuales.

- ETF sectoriales: invierten en un sector en particular, como la tecnología, la energía o la salud. Si crees que un sector específico va a crecer en el futuro, puedes invertir en un ETF que lo siga, en lugar de seleccionar acciones de empresas individuales.
- ETF de materias primas: si lo que te interesa es invertir en oro, plata, petróleo u otras materias primas, también existen ETF que replican el precio de estas. Por ejemplo, si piensas que el oro va a subir de valor, puedes comprar uno de oro, en lugar de comprar el metal físico o invertir en empresas mineras.
- ETF inversos: están diseñados para ganar valor cuando el índice que replican baja. Sí, suena un poco extraño, pero básicamente te permiten beneficiarte de las caídas en el mercado. Es una estrategia más arriesgada, pero hay inversores que los utilizan para aprovechar los mercados bajistas.
- ETF apalancados: son para los que buscan emociones fuertes. Funcionan con apalancamiento, lo que significa que amplifican el movimiento del índice que replican. Si el índice sube un 1 %, un ETF apalancado puede subir un 2 % o más. Pero cuidado, porque si el índice baja, las pérdidas también se amplifican. Son productos más complejos y no recomendables para inversores principiantes.

Al igual que las acciones, los ETF se compran y venden a través de un *broker*. Si ya tienes una cuenta con uno, solo tienes que buscar el ETF que te interesa y comprarlo de la misma forma que comprarías acciones de una empresa. La gran ventaja aquí es la liquidez, porque como cotizan en bolsa, puedes comprarlos y venderlos al precio exacto en tiempo real, siempre que el mercado esté abierto. En otras palabras, no tienes que esperar al cierre del día, como ocurre con los fondos de inversión tradicionales.

Una cosa interesante de estos es que puedes comprar fracciones, es decir, no necesitas comprar una participación completa si el precio te parece demasiado alto. Por ejemplo, si un ETF cuesta trescientos euros, pero solo quieres invertir cien, algunos *brokers* permiten comprar solo una fracción. Esto los hace mucho más accesibles para todo tipo de inversores. Además, suelen tener comisiones más bajas que los fondos de inversión tradicionales, incluso que los indexados, que ya de por sí tienen comisiones más bajas que los de gestión activa. Esto es porque la gestión de un ETF, al ser mayormente pasiva, implica menos trabajo y, por tanto, menos costes. Pero ojo, aunque las comisiones sean bajas, no significa que no haya riesgo. Como cualquier inversión en bolsa, estos pueden subir o bajar de valor.

Los ETF pueden ser adecuados para una gran variedad de estrategias de inversión. Por un lado, si estás empezando en el mundo de las inversiones y buscas una forma sencilla y accesible de diversificar tu cartera, estos son una excelente opción. Suelen ser recomendados para estrategias de inversión a largo plazo, ya que permiten un crecimiento constante al seguir el mercado. Por otro lado, si eres un inversor que busca tener mayor control y flexibilidad, estos te permiten entrar y salir del mercado cuando lo desees, lo que no ocurre con otros productos más estáticos, como los fondos de inversión tradicionales. Además, los ETF también pueden ser útiles para quienes quieran enfocarse en sectores específicos o materias primas, aprovechando tendencias del mercado.

REIT o SOCIMI

Los REIT (Real Estate Investment Trusts) son una de las formas más sencillas y accesibles de invertir en el mercado inmobiliario, sin necesidad de comprar una propiedad por tu cuenta. Imagínate que quieres invertir en bienes raíces, pero no tienes suficiente dinero para comprar un edificio o prefieres no complicarte con el mantenimiento de inmuebles, los inquilinos o las hipotecas. Aquí es donde entran los REIT, que te permiten invertir en grandes proyectos inmobiliarios de manera indirecta.

Un REIT es, básicamente, una empresa que posee, opera o financia propiedades inmobiliarias que generan ingresos. Estas propiedades pueden incluir desde centros comerciales y oficinas hasta hospitales o apartamentos. La clave aquí es que un REIT cotiza en bolsa, como las acciones de cualquier empresa, lo que significa que puedes comprar y vender participaciones de estos en el mercado bursátil. Es como si compraras una acción de una empresa inmobiliaria, pero en lugar de estar apostando por los productos o servicios de la empresa, estarías invirtiendo en sus propiedades. Lo genial de estos es que por ley están obligados a distribuir al menos el 90 % de sus beneficios a los accionistas en forma de dividendos. Esto los convierte en una opción muy atractiva para quienes buscan obtener ingresos regulares. En lugar de comprar un apartamento y esperar que suba de valor para venderlo más caro en el futuro, con un REIT puedes recibir dividendos de manera constante mientras el valor de las propiedades sube (o baja) a largo plazo.

En España, tenemos una versión propia de los ya mencionados, llamada SOCIMI (Sociedad Cotizada de Inversión en el Mercado Inmobiliario). Son bastante similares a los REITs estadounidenses, pero con algunas diferencias locales. Las SOCIMIs también son empresas que invierten en bienes inmuebles y están obligadas a repartir el 90 % de sus beneficios a los accionistas en forma de dividendos.

Las SOCIMI, al igual que los REIT, se centran en la inversión inmobiliaria. Sin embargo, en España suelen invertir más en alquiler de propiedades residenciales o comerciales. Además, gozan de ciertos beneficios fiscales, como la exención del Impuesto sobre Sociedades, lo que las hace aún más atractivas para los inversores que buscan rentabilidad sin demasiadas complicaciones fiscales. Y te preguntarás: «¿Cómo funciona cada uno?». Pues imagina que decides invertir en una de ellas. Al comprar acciones, estás comprando una parte de esa empresa, que a su vez es dueña de varias propiedades inmobiliarias. A diferencia de comprar un apartamento tú solo, en este caso compartes la propiedad de múltiples inmuebles con otros inversores. Si las propiedades generan ingresos por alquileres o se venden con beneficios, recibirás una parte de esos ingresos en forma de dividendos.

Lo mejor de este tipo de inversión es que no tienes que preocuparte por las tareas típicas de los propietarios, como reparar una fuga en el techo o lidiar con inquilinos morosos. Todo eso lo maneja la empresa, mientras tú te beneficias de los ingresos generados. Además, tanto los REIT como las SOCIMI ofrecen una gran diversificación. No estás apostando todo tu dinero en una sola propiedad, sino en varias, lo que reduce el riesgo. Incluso si una de las propiedades no funciona bien, las demás pueden compensar esa pérdida. Entonces, una de las principales ventajas de invertir en este tipo de producto es la posibilidad de obtener ingresos regulares a través de dividendos. Si buscas una fuente de ingresos pasiva y te atrae el mercado inmobiliario, pero sin tener que gestionar propiedades directamente, esta puede ser una excelente opción. Además, puedes empezar a invertir en REIT y SOCIMI con una cantidad de dinero mucho menor que si tuvieras que comprar una propiedad tú solo. Con unas pocas acciones, puedes formar parte de grandes proyectos inmobiliarios que de otra manera estarían fuera de tu alcance. Otra ventaja es la liquidez: a diferencia de comprar una casa o un piso, que puede llevar tiempo vender si necesitas dinero, los REIT y SOCIMI cotizan en bolsa, por lo que puedes vender tus acciones cuando lo desees, siempre que el mercado esté abierto.

Por supuesto, como cualquier inversión, estas también tienen sus riesgos. Aunque están diversificados, siguen dependiendo del mercado inmobiliario, lo que significa que si el sector inmobiliario tiene problemas, tus inversiones también pueden verse afectadas. Además, aunque ofrezcan dividendos atractivos, los precios de las acciones pueden fluctuar, por lo que puedes ganar dividendos, pero perder valor en tus acciones. Otro punto importante es que están sujetos a impuestos. Al recibir dividendos, deberás declararlos en tu IRPF y tributarás por ellos según la base del ahorro, lo que puede reducir un poco la rentabilidad neta que obtengas.

Invertir en REIT y SOCIMI es bastante sencillo. Al igual que con las acciones o los ETF, puedes comprarlos a través de cualquier *broker* que opere en el mercado de valores. Solo necesitas abrir una cuenta, buscar el REIT o SOCIMI en el que quieras invertir y comprar el número de acciones que te interese. Si te gusta la idea de invertir en bienes raíces, pero prefieres no tener que lidiar con las complicaciones de ser propietario directo, pueden ser una opción ideal para ti. Además, al estar cotizados, te permiten entrar y salir fácilmente del mercado inmobiliario sin el engorro de vender una propiedad física.

Planes de pensiones

Hablar de esto en España es como hablar de armar el «colchón financiero» para cuando llegue el momento de la jubilación. Aunque ya hemos comentado en otros capítulos que no debemos confiar únicamente en la pensión pública, los planes de pensiones son una de las herramientas más conocidas y utilizadas para completar esos ingresos en la vejez. Sin embargo, como en todo producto financiero, existen varios tipos de planes y hay diferencias importantes que debes conocer antes de elegir el que mejor se adapte a tu situación. Vamos a verlo de una forma sencilla para que, cuando acabes de leer este capítulo, tengas claro si un plan de pensiones es lo que necesitas en tu estrategia de inversión.

Un plan de pensiones es un producto de ahorro a largo plazo, diseñado específicamente para acumular dinero que te servirá como un complemento a la pensión pública cuando te jubiles. Básicamente, vas metiendo dinero durante tu vida laboral y, cuando llegue el momento de la jubilación (o en casos especiales, como invalidez o fallecimiento), podrás rescatarlo en forma de capital (todo de golpe), en forma de renta (recibiendo un pago mensual o anual) o en una combinación de ambos.

Pero ¿por qué tanto interés en estos planes, si podrías simplemente ahorrar en otros productos de inversión? La clave está en los incentivos fiscales que ofrece el sistema español. Las aportaciones que hagas al plan de pensiones se pueden deducir de tu base imponible del IRPF, lo que reduce la cantidad sobre la que te aplican los impuestos. Esto significa que cada año puedes aportar a tu plan de pensiones y recibir un beneficio fiscal. Eso sí, hay un límite de cuánto puedes aportar y deducir cada año, y es importante que lo tengas claro:

en 2024 es de mil quinientos euros al año. Además, hay otro límite que debes tener en cuenta: solo puedes deducir el 30 % de tus ingresos del trabajo y actividades económicas. Esto significa que, si ganas poco dinero, es posible que no puedas deducir todo lo que aportes al plan de pensiones, aunque sí podrás seguir ahorrando en él.

El plan de pensiones individual es el que más suena cuando hablamos de ahorrar para la jubilación, porque es el que cualquiera puede contratar por su cuenta, sin estar dependiendo de una empresa o entidad que lo promueva. Puedes abrir uno en un banco o en una gestora de fondos, y desde ese momento decides cuánto aportar y con qué frecuencia (puede ser mensual, trimestral o cuando te venga bien). Este tipo de plan te permite elegir entre una gran variedad de opciones de inversión: desde fondos muy conservadores que invierten en renta fija, hasta planes más agresivos, que invierten en renta variable. La idea es que adaptes tu plan a tu perfil de riesgo y horizonte temporal, como ya hemos visto en capítulos anteriores. Pero su principal atractivo es la deducción fiscal. Cada euro que aportas te reduce la base imponible en la declaración de la renta, con lo cual pagas menos impuestos ese año. Claro que no todo es tan bonito como parece, puesto que este incentivo fiscal solo funciona en el momento de aportar. Cuando te jubiles y decidas rescatar tu plan, el dinero que rescates se sumará a tus ingresos del año en que lo retires, lo que significa que tendrás que pagar impuestos por ello en ese momento.

Aquí llega la parte interesante. Cuando llegue el momento de jubilarte, podrás elegir entre tres opciones para rescatar el dinero de tu plan de pensiones:

1. Todo de golpe (lo que se llama rescate en forma de capital). Esta opción es tentadora, porque recibirás

todo tu dinero de una vez, pero cuidado: tendrás que pagar impuestos por todo el capital rescatado en ese mismo año, lo que puede elevar tu factura fiscal considerablemente.

2. En forma de renta, que es la opción más recomendable para la mayoría. Aquí decides si quieres que te vayan pagando una cantidad fija cada mes, trimestre o año, lo que te permite repartir el impacto fiscal a lo largo del tiempo y evitar que Hacienda te haga una visita sorpresa con una factura enorme.
3. Una combinación de ambos. Puedes rescatar una parte en forma de capital y el resto en forma de renta.

La clave para elegir una u otra opción está en tus necesidades financieras al jubilarte y, sobre todo, en minimizar el impacto fiscal que este rescate pueda tener.

Los planes de pensiones de empleo son otra opción que funciona de forma similar a los individuales, pero con una diferencia importante: la promotora del plan es la empresa en la que trabajas. En este tipo, tanto tú como tu empresa pueden realizar aportaciones. Su límite es más alto: ocho mil quinientos euros al año, pero ojo, porque solo puedes aportar tanto dinero como lo que tu empresa haya aportado antes. Es decir, si tu empresa pone dos mil euros, tú puedes aportar otros dos mil, pero no más. Estos planes de empleo son interesantes porque, además de aumentar tus ahorros para la jubilación, el hecho de que la empresa haga aportaciones adicionales es un «extra» a tu salario que, en lugar de recibirlo en efectivo, va directo a tu plan de pensiones. A nivel fiscal, las aportaciones que hace la empresa tampoco tributan como salario, lo que ayuda a reducir el impacto fiscal.

En 2023 se introdujo la posibilidad de que las pequeñas empresas y autónomos contraten planes de pensiones simplificados, una versión más accesible de los planes de empleo tradicionales. Esto ha permitido a muchos trabajadores autónomos tener acceso a un producto de ahorro para la jubilación similar al de las grandes empresas.

Los planes de pensiones tienen ventajas claras, especialmente para las personas que buscan maximizar sus beneficios fiscales mientras ahorran a largo plazo. Por un lado, puedes deducir las aportaciones y reducir tu base imponible en el IRPF, lo que te da un ahorro en impuestos cada año. Además, los planes de empleo son una oportunidad única para recibir aportaciones extra por parte de la empresa. Sin embargo, las desventajas no son pocas. La principal es la falta de liquidez: hasta que no te jubiles, o hasta que se dé una de las excepciones (como incapacidad, enfermedad grave o desempleo de larga duración), no podrás tocar el dinero. Y aunque puedes rescatarlo de golpe al jubilarte, hacerlo tiene un impacto fiscal considerable. Además, si no eliges bien tu plan y te olvidas de revisar su evolución, puedes terminar en uno que no te ofrezca los rendimientos esperados.

También cabe mencionar que hasta hace unos años, los planes de pensiones eran un producto mucho más atractivo para los ahorradores, ya que el límite máximo de aportación era de ocho mil euros anuales. Esto permitía deducir cantidades significativas del IRPF y hacía que los planes fueran una opción muy interesante para aquellos que querían ahorrar a largo plazo, con un incentivo fiscal importante. Sin embargo, con la reducción progresiva de este límite, primero a dos mil euros en 2021 y después a mil quinientos en 2022, el atractivo de los planes de pensiones individuales ha disminuido notablemente. Hoy en día, estos planes solo son realmente interesantes para quienes puedan beneficiarse de las deducciones fiscales por esas pequeñas aportaciones, pero han perdido mucho de su encanto para aquellos que querían ahorrar cantidades más importantes con vistas a la jubilación.

PIAS

Si has oído hablar de estos Planes Individuales de Ahorro Sistemático, probablemente te hayas quedado pensando: «¿Y esto qué es?, ¿una especie de plan de pensiones, un seguro o qué?». Pues bueno, ¡un poco de todo! Los PIAS son herramientas de ahorro a largo plazo que vienen con un pequeño incentivo fiscal, si los usas con inteligencia. Básicamente, te permiten ir ahorrando de manera periódica (o puntual, si prefieres) y ese dinero se invierte para que con el tiempo, crezca. Y aunque suene a «palabrería financiera», lo cierto es que si juegas bien tus cartas, pueden ser una buena opción para complementar tu plan de jubilación, o simplemente para crear un colchón de seguridad a futuro.

A ver, para ponerlo fácil: un PIAS es un seguro de vida con un componente de ahorro a largo plazo. Pero ojo, que no es lo mismo que un plan de pensiones. La gran diferencia es que puedes rescatar el dinero antes de la jubilación sin que te frían a impuestos (aunque si lo dejas quieto al menos cinco años, la cosa mejora mucho). Lo bueno de esto es que puedes convertir el dinero que has acumulado en una renta vitalicia, es decir, en un ingreso mensual de por vida que te permitirá tener una mayor estabilidad económica en la vejez. Ahora bien, ¿cómo funciona todo esto? El dinero que metes allí se invierte normalmente en fondos gestionados por la aseguradora, que intentará hacerlo crecer con el tiempo. Y aquí viene lo interesante: si mantienes el dinero en el PIAS durante más de cinco años y lo rescatas en forma de renta vitalicia, no pagas impuestos por los rendimientos generados. En otras palabras, el Estado te da un pequeño incentivo para que te planifiques a largo plazo y no vayas sacando el dinero a las primeras de cambio.

La mayoría de los bancos y aseguradoras ofrecen PIAS como uno más de sus productos de ahorro. Si bien no verás anuncios a lo grande por todas partes, si te interesa, basta con que te acerques a tu banco o aseguradora de confianza y pidas información. Eso sí, como en todo producto financiero, ten cuidado con las comisiones. Es importante que antes de lanzarte, te informes bien de cuánto te van a cobrar por la gestión y en qué van a invertir tu dinero.

Aquí es donde entra el por qué deberías considerar meter un PIAS en tu cartera de inversión. Pues este tipo de producto es ideal si buscas algo de flexibilidad. A diferencia de los planes de pensiones tradicionales, que son mucho más rígidos y solo te permiten acceder al dinero en situaciones muy concretas (jubilación, invalidez, etc.), un PIAS te da la posibilidad de rescatarlo cuando quieras, sin sufrir un sablazo fiscal. Eso sí, la magia ocurre cuando lo mantienes por más de cinco años y decides convertirlo en una renta vitalicia. Ahí es donde de verdad se notan las ventajas fiscales. Además, puede ser una opción si estás buscando una alternativa frente a los típicos productos de inversión (como acciones, bonos o fondos de inversión). Si ya tienes una cartera bien diversificada, incluir un PIAS te aporta una fuente de ingresos más estable y con menos riesgo, lo cual es interesante, sobre todo si tu perfil es más conservador.

Sin embargo, antes de que te emociones demasiado, déjame decirte que los PIAS tampoco son el santo grial de la inversión. Como todo producto financiero, tienen sus desventajas. Para empezar, aunque te permitan acceder a tu dinero antes de la jubilación, si lo haces antes de los cinco años, perderías el beneficio fiscal. Esto significa que, si necesitas el dinero antes de ese tiempo, no tendrás la ventaja impositiva que los hace tan atractivos. Otro punto para tener en cuenta es que las rentabilidades que ofrecen suelen ser bajas, en comparación con otras inversiones. Recuerda que al tratarse de un producto de ahorro ligado a un seguro de vida, las inversiones que se hacen con tu dinero suelen ser más conservadoras. Así que si estás buscando una inversión agresiva que te dé altos rendimientos en poco tiempo, el PIAS no es para ti. Y además, están las comisiones. Las aseguradoras suelen cobrar comisiones por la gestión de los fondos, y estas pueden comerse parte de tus ganancias. Por eso es crucial que, antes de contratar uno, te informes bien de cuánto vas a pagar en comisiones y cómo va a afectar esto tu rentabilidad a largo plazo.

Este plan es una opción interesante si buscas estabilidad, flexibilidad y un pequeño incentivo fiscal. Es ideal para quienes quieren un producto de ahorro a largo plazo que no sea tan restrictivo, como los planes de pensiones, pero también hay que tener en cuenta que su rentabilidad es limitada. Si ya tienes una cartera de inversión diversificada, un PIAS puede aportar un extra de tranquilidad para cuando lleguen los años dorados. Eso sí, siempre te convendrá hacer bien los números y, sobre todo, asegurarte de que las comisiones no se coman tus beneficios.

Criptoactivos

Para entender lo que son, primero debemos hablar sobre la *blockchain*. Imagina que tienes una libreta en la que registras todas las transacciones que haces. Allí anotarías el nombre del producto, el precio y la fecha de la operación cuando compras en una tienda; cuando alguien te da dinero, también registrarías la cantidad y la persona que te lo ha dado; cuando pagas una factura, harías lo mismo con el nombre de la empresa, la cantidad, la fecha de pago, etc. Ahora imagina que esa libreta no es solo tuya, sino que también la tienen muchas otras personas: cada vez que haces una transacción, la anotas allí y después envías una copia de esa anotación a todas las demás personas que tienen la libreta. De esta manera, todos los que la comparten tienen una copia de todos los registros de transacciones. Si alguien intenta alterar o falsificar un registro, los demás lo notarán.

Esto es la *blockchain* (o cadena de bloques): una tecnología de registro distribuido que permite la transferencia segura y transparente de datos y valores, a través de una red de computadoras. En lugar de depender de una única entidad centralizada para verificar y registrar transacciones, la *blockchain* utiliza un sistema descentralizado, en el que todas las transacciones se registran en un libro mayor, público y compartido. Cada bloque en la cadena contiene un grupo de transacciones verificadas, y estos bloques están enlazados de manera secuencial, es decir, forman una cadena que es prácticamente inmutable y muy segura. Su funcionamiento se basa en varios principios fundamentales: las transacciones se agrupan en bloques; una vez que uno de estos está lleno, se envía a todos los participantes de la red para su verificación. Estos colaboradores, conocidos como «nodos», utilizan algoritmos criptográficos para validar las transacciones y confirmar que no ha habido manipulación. Una vez verificado, el bloque se añade a la cadena ya existente, de forma tal que cualquier intento de alterar una transacción en un bloque requeriría modificar todos los posteriores, lo que es prácticamente imposible, debido a que se necesita el consenso de la mayoría de los nodos de la red.

Una de las aplicaciones más conocidas de la *blockchain* es en las criptomonedas (como bitcoin y ether). Estas monedas digitales la utilizan para registrar todas las transacciones y asegurar que no haya duplicación o falsificación. Sin embargo, las aplicaciones de la *blockchain* van mucho más allá de las criptomonedas. Por ejemplo, se puede usar en contratos inteligentes, que son programas autoejecutables, con los términos del acuerdo escritos directamente en el código. Estos contratos se ejecutan automáticamente cuando se cumplen las condiciones preestablecidas, se elimina la necesidad de intermediarios y aumenta la eficiencia y seguridad. La cadena de bloques también tiene aplicaciones en diversas industrias, como la gestión de la cadena de suministro, donde puede proporcionar un seguimiento transparente y verificable de los productos, desde su origen hasta el consumidor final. En el sector financiero, puede facilitar pagos más rápidos y seguros, reducir el fraude y mejorar la transparencia. En la gestión de identidades, puede ofrecer soluciones seguras y verificables para la identificación digital, lo que es crucial en un mundo cada vez más digitalizado.

Sin embargo, aunque la *blockchain* ofrece muchas ventajas, también presenta desafíos y desventajas. Uno de los principales desafíos es la escalabilidad: a medida que crece el número de transacciones, la cantidad de datos en la cadena de bloques también aumenta, lo que puede ralentizar el sistema y requerir una mayor capacidad de almacenamiento y procesamiento. Además, esta tecnología consume una cantidad significativa de energía, especialmente en redes grandes como la de bitcoin, donde el proceso de validación de bloques (minería) requiere una gran potencia computacional. Otra consideración importante es la complejidad y el coste de implementación, puesto que desarrollar y mantener una red como esta puede ser caro y técnicamente complejo, lo que podría limitar su adopción, sobre todo entre las pequeñas y medianas empresas. Además, aunque la *blockchain* es muy segura contra la manipulación de datos, no es completamente inmune a los ataques; y la seguridad de las aplicaciones que se construyen sobre esta cadena también depende de la implementación y el mantenimiento adecuados.

En fin, la *blockchain* es una tecnología compleja, pero tiene el potencial para cambiar el mundo: a medida que siga desarrollándose, es probable que veamos aún más casos de usos innovadores. Esta tecnología se utiliza para registrar todo tipo de operaciones digitales, desde la venta de una propiedad o la firma de un contrato entre compañías, hasta una patente, la adquisición de una obra de arte digital o de un NFT, según sean activos tangibles o intangibles. La *blockchain* ofrece una transmisión de la información rápida y eficaz, con la certeza de que no se puede manipular ni eliminar. Su capacidad para registrar de forma inalterable todo tipo de operaciones digitales facilita la autenticación, el seguimiento y la «trazabilidad» de dichas transacciones o activos registrados por medio de esta tecnología.

¿Qué son los criptoactivos?

Son un tema que ha ganado muchísima popularidad en los últimos años y, aunque a veces parecen un poco complicados de entender, en realidad no son tan difíciles si los desmenuzamos bien. Para empezar, cuando hablamos de criptoactivos, nos referimos a un conjunto de activos digitales que utilizan la tecnología de la *blockchain* para funcionar. Seguro que ya has oído hablar del bitcoin, ¿verdad? Pues bien, es solo uno de los muchos que existen.

Aunque ese es el más famoso, hay muchísimos otros criptoactivos; algunos de los más conocidos son Ethereum, Ripple, Theter o Cardano, pero cada uno de ellos tiene características diferentes. Vamos a dividirlos en tres grandes grupos para que te hagas una idea de ellos:

1. Criptomoneda: es lo más parecido a lo que entendemos por «dinero digital». Su objetivo principal es funcionar como medio de intercambio. El bitcoin fue diseñado con la idea de que sea una moneda digital que se pueda usar para comprar bienes y servicios, pero lo cierto es que hoy en día, muchas de ellas se utilizan más como vehículos de inversión y especulación que como monedas reales.
2. *Token*: un tipo de criptoactivo que no necesariamente busca ser una moneda. Pueden representar muchas cosas: derechos de propiedad sobre un proyecto, participaciones en una empresa o incluso acceso a ciertos servicios o productos en el ecosistema de la *blockchain*. Un buen ejemplo son los NFT (*tokens* no fungibles), que se han hecho muy populares porque representan la propiedad de activos digitales únicos, como arte o coleccionables.
3. *Stablecoins*: criptomonedas diseñadas para tener un valor estable, ya que están respaldadas por activos del mundo real, como el dólar o el euro. La idea es que, en lugar de fluctuar (como el bitcoin o Ethereum), estas monedas mantengan su valor más

o menos constante, lo que las hace útiles para transacciones sin tanta volatilidad.

Para comprar y vender criptoactivos, necesitas acudir a un *exchange*, que es una plataforma donde puedes intercambiar dinero tradicional (euros, dólares, etc.) por criptomonedas o *tokens*. Hay muchos disponibles (como Binance, Coinbase o Kraken), cada uno con sus propias comisiones y características. La mayoría funciona como una plataforma *online* donde creas una cuenta, verificas tu identidad y empiezas a comprar y vender criptoactivos de una manera bastante fácil. Para guardar tus criptoactivos, necesitarás una *wallet* o monedero digital. Esto es una aplicación o dispositivo que te permite almacenar, enviar y recibir «criptos». A diferencia de un monedero físico, una *wallet* no contiene monedas o billetes, sino las claves privadas que te dan acceso a tus criptoactivos en la *blockchain*, que es donde realmente están almacenados. Existen varios tipos de monederos digitales: *hot wallets* (conectadas a Internet, más convenientes para transacciones rápidas pero menos seguras) y *cold wallets* (desconectadas de Internet, son dispositivos físicos o incluso papel, que ofrecen mayor seguridad contra *hackeos*).

Una de las cosas más importantes que debes tener en cuenta es que, al ser un mercado todavía joven y no siempre regulado, hay muchos riesgos asociados a las inversiones en criptoactivos. Los precios pueden subir y bajar de manera brusca y, si no tienes cuidado, puedes perder mucho dinero en poco tiempo. Además, es fundamental asegurarte de que el *exchange* que utilices esté regulado o al menos sea de confianza, ya que también existen muchas estafas y plataformas fraudulentas.

Mucha gente invierte en criptoactivos porque cree en el potencial a largo plazo de la tecnología *blockchain*. Al igual que internet cambió la forma en que interactuamos y hacemos negocios, algunos piensan que la *blockchain* será la próxima gran revolución tecnológica. Invertir en criptoactivos es, en cierto sentido, una apuesta a que esta tecnología jugará un papel cada vez más importante en el futuro.

Dicho esto, es importante destacar que también son extremadamente volátiles: puedes ver cómo su precio se dispara un 50 % en una semana, pero de igual forma puedes perder esa misma cantidad en pocos días. Invertir en criptoactivos puede ser emocionante, pero también arriesgado. Puesto que uno de sus mayores problemas es la falta de regulación en algunos países. Aunque cada vez más gobiernos están desarrollando leyes para regular este mercado, todavía hay muchos lugares donde las plataformas de intercambio no están supervisadas por ninguna autoridad financiera. Esto significa que si algo va mal, puede ser muy difícil recuperar tu dinero. Además, también debes tener cuidado con las promesas de altas rentabilidades en poco tiempo, ya que muchas de esas ofertas suelen ser fraudes o esquemas de inversión insostenibles. Otro riesgo importante es el de la seguridad. Aunque la tecnología *blockchain* es extremadamente segura en su diseño, el acceso a tus criptoactivos depende de que protejas bien tus claves privadas y tu *wallet*. Es decir que si pierdes tus claves o te *hackean*, es muy difícil —por no decir imposible—, recuperar tus fondos. Pero además de esto, debes tener mucho cuidado con ciertos tipos de «inversiones» que te ofrecen en el mundo de las criptomonedas, como el arbitraje de criptomonedas, pues este tipo de práctica puede ser altamente peligrosa, si no directamente un fraude. En muchas de estas ofertas, se te pide que cedas tus criptomonedas a una tercera persona para que las gestione, quien promete altos rendimientos. Sin embargo, una vez que tus criptoactivos salen de tu *wallet*, ya no tienes ninguna garantía de que te los devuelvan. Lo que no está en una cuenta a tu nombre, no es realmente tuyo, y este es un principio que siempre debes recordar al invertir en criptomonedas. Por eso es crucial que mantengas el control sobre tus activos en todo momento y no los confíes a intermediarios poco fiables.

Los criptoactivos son una forma moderna y emocionante de inversión que ofrece muchas posibilidades, pero también implican un alto nivel de riesgo y volatilidad. Si te decides a invertir en ellos, asegúrate de informarte bien, de diversificar tus inversiones y de nunca invertir más dinero del que estés dispuesto a perder. Quizá no sea el tipo de inversión más recomendable para empezar, aunque una pequeña parte en una cartera diversificada puede ser una buena opción.

Derivados financieros

El primer contacto que muchos tenemos con la inversión es a través de anuncios sobre *trading*. Estos suelen ser muy atractivos, ya que prometen grandes ganancias en poco tiempo. Sin embargo, es importante tener en cuenta que es una actividad de riesgo muy elevado, puesto que se trata de comprar y vender activos financieros con el objetivo de obtener un beneficio a corto plazo. Los activos financieros que se suelen negociar en *trading* son acciones, divisas, materias primas y futuros. Para hacerlo, se utilizan principalmente productos derivados financieros; estos derivan su valor de otro activo subyacente. Los más utilizados en *trading* son los futuros, las opciones y los CFD; aunque existen muchos otros, como los *swaps*, los *forward* o los *warrant*.

Por un lado, los futuros son contratos que obligan a las partes contratantes a comprar o vender un activo subyacente a un precio determinado en una fecha determinada. Las opciones son contratos que otorgan al comprador el derecho —no la obligación— de comprar o vender uno a un valor determinado en una fecha determinada. Por otro lado, los CFD (Contrato por Diferencia) son instrumentos financieros que permiten a los inversores especular sobre el precio de un activo subyacente sin tener que poseerlo físicamente.

El *trading* es como esa montaña rusa que ves desde fuera y piensas: «¡Esto parece emocionante!», pero cuando te subes sin saber qué hacer, te das cuenta de que no era tan buena idea. Suena divertido comprar, vender y ganar dinero rápido... pero en realidad es una actividad compleja que requiere mucho conocimiento, práctica y, sobre todo, experiencia. No es algo que debes tomarte a la ligera, si estás dando tus primeros pasos en el mundo de las inversiones.

Entonces, primero hablemos del riesgo que conlleva, ya que el *trading* es un deporte de alta velocidad. No es como comprar un fondo de inversión o unas acciones para dejarlas madurar a lo largo del tiempo; aquí los precios cambian en minutos, o incluso segundos. Si no tienes la experiencia necesaria, lo más probable es que te veas tomando decisiones rápidas y, en muchas ocasiones, equivocadas. Es como intentar conducir un coche de carreras cuando aún estás aprendiendo a llevar una bicicleta. Y entonces, las pérdidas pueden llegar antes de que te des cuenta. Además, para hacer *trading* efectivo, no basta con leer un par de artículos en Internet: necesitas tener un conocimiento profundo acerca de cómo funcionan los mercados financieros, cómo interpretar gráficos, entender el análisis técnico (esas líneas y velas que parecen más un código secreto que información útil) y, por supuesto, dominar la gestión de riesgos. Todo esto lleva tiempo, mucho tiempo, y la idea de que puedes dominar el *trading* en una semana o dos no es más que un mito. La mayoría de los *traders* pasan años formándose y practicando hasta llegar a ser rentables, y muchos ni siquiera llegan a serlo.

Además, el componente emocional aquí es brutal, puesto que la emoción de ver cómo tus posiciones suben es increíble, pero el miedo y la ansiedad cuando las cosas van mal pueden llevarte a tomar decisiones desastrosas. En *trading*, hay un dicho que se cumple casi siempre: «El peor enemigo del inversor es él mismo». Así que si eres principiante, lidiar con esa montaña rusa emocional puede ser mucho más difícil de lo que parece. Y ojo, que aquí no solo se pierde dinero por decisiones equivocadas: hacer *trading* frecuente genera costes como comisiones, *spreads*, tarifas por dejar posiciones abiertas durante la noche... y todo suma. Al final del día, puedes haber ganado una operación, pero cuando sumas los costes, ¡sorpresa! Has ganado menos de lo que pensabas, o incluso has perdido.

Un último elemento a tener en cuenta: el tiempo. Si piensas que puedes hacer *trading* de forma casual, entre reuniones o mientras ves una serie en Netflix, lamento desilusionarte. El *day trading*, la versión más popular, es casi como tener un trabajo a tiempo completo. Debes estar pendiente de los mercados durante horas, seguir los movimientos y analizar oportunidades. Y si no tienes tiempo para dedicarte a ello, es fácil que termines tomando decisiones mal informadas.

En resumen, esta opción es como lanzarse al océano de las inversiones con una tabla de surf. Si no sabes lo que haces, las olas te pueden arrastrar. Si te interesa, genial, pero no lo tomes a la ligera. La formación, la paciencia y la práctica serán tus mejores aliadas antes de lanzarte.

Forex

El mercado Forex (abreviatura de Foreign Exchange Market), o mercado de divisas es, en pocas palabras, el lugar donde se intercambian monedas. Si alguna vez has ido de vacaciones y has tenido que cambiar euros por dólares o por cualquier otra moneda, ya has participado en este, aunque de manera pequeña y a nivel personal. Ahora imagina que en lugar de cambiar tus ahorros para un viaje, grandes empresas, bancos y gobiernos cambian cantidades enormes de dinero, de millones y millones de euros y dólares, a cada segundo. Eso es lo que sucede en el Forex, el mercado global donde se negocian trillones de dólares cada día. Lo interesante es que es el mercado financiero más grande del mundo. No estamos hablando de una bolsa como la de Nueva York o Londres, sino de un mercado descentralizado. No hay un lugar físico específico donde todo el mundo vaya a intercambiar monedas. En lugar de eso, las operaciones se realizan a través de redes electrónicas entre bancos, *brokers*, instituciones y operadores individuales de todo el mundo.

El Forex funciona mediante pares de divisas. Es decir, cuando operas allí, lo que estás haciendo realmente es comprar una moneda y vender otra al mismo tiempo. Las divisas siempre se negocian en pares, como EUR/USD (euro frente al dólar) o GBP/JPY (libra esterlina frente al yen japonés). El valor de una moneda en relación con otra cambia constantemente; esto depende de muchos factores, desde la política económica hasta los eventos globales como pandemias o crisis financieras. La idea básica detrás del Forex es que compras una moneda mientras esperas que suba su valor en relación con la otra, para después venderla y obtener un beneficio. Un ejemplo sencillo: si crees que el euro se va a fortalecer frente al dólar, puedes comprar EUR/USD. Si estás en lo correcto y el valor del euro sube frente al dólar, puedes venderlo a un precio más alto y quedarte con la diferencia como ganancia. Pero ojo, que si el valor del euro cae en lugar de subir, tendrás una pérdida.

El Forex no es solo para bancos y grandes instituciones, aunque ellos sean los principales jugadores. También está abierto a *traders* individuales que, a través de *brokers online*, pueden operar en el mercado como cualquier otra institución. Lo bueno es que no necesitas una gran cantidad de dinero para empezar a operar con esta opción, ya que los *brokers* suelen ofrecer apalancamiento. Esto significa que con una pequeña inversión inicial puedes controlar una cantidad mucho mayor de dinero en el mercado. Pero cuidado: el apalancamiento puede magnificar tanto tus ganancias como tus pérdidas, y ahí está el riesgo. Es exactamente igual que lo que pasaba con los derivados.

El mercado Forex es conocido por su volatilidad: los precios de las divisas pueden cambiar drásticamente en cuestión de minutos, e incluso segundos, debido a noticias económicas, cambios en las políticas de los bancos centrales o eventos inesperados. Esto lo convierte en un mercado emocionante pero peligroso para quienes no están preparados. Las fluctuaciones pueden generar grandes ganancias, aunque también pérdidas catastróficas si no se gestionan adecuadamente. Y aquí es cuando entran los conceptos de gestión de riesgos y análisis técnico y fundamental. La mayoría de los *traders* exitosos en Forex no toman decisiones al azar: utilizan gráficos, indicadores técnicos, análisis de noticias y datos macroeconómicos para predecir hacia dónde se moverán las divisas.

Uno de los grandes atractivos de este mercado, para los *traders* individuales, es el uso del apalancamiento. Con este puedes controlar una cantidad de dinero mucho mayor de lo que realmente tienes en tu cuenta. Por ejemplo, si tu *broker* te ofrece un apalancamiento de 1:100, significa que con mil euros en tu cuenta podrías controlar el equivalente a cien mil euros en el mercado Forex. Esto suena genial, ¿verdad? Pero aquí viene el problema: el apalancamiento aumenta tanto tus ganancias como tus pérdidas, es decir, si el mercado se dirige en la dirección correcta, podrías obtener beneficios sustanciales. Pero si se mueve en tu contra, también podrías perder más dinero del que tenías previsto, e incluso quedarte con saldo negativo en tu cuenta.

Este factor hace que el Forex sea un mercado tentador pero arriesgado. Es muy fácil dejarse llevar por la emoción del apalancamiento y acabar tomando más riesgos de los que se deberían. Por eso, es fundamental tener una estrategia clara y no arriesgar más de lo que puedes permitirte perder.

7. INVERSIONES ALTERNATIVAS

Además de los mercados bursátiles tradicionales, existen diversas inversiones alternativas que pueden ofrecer rendimientos atractivos y diversificación a una cartera de inversión. Estas opciones incluyen bienes raíces, *crowdlending*, *crowdfunding* inmobiliario, metales preciosos, obras de arte y objetos de colección, entre otras muchas más de las que podemos imaginar. Cada una de estas inversiones tiene características únicas y puede presentar ventajas y desventajas específicas, que las hacen adecuadas para diferentes tipos de inversores y situaciones financieras. A continuación, exploraremos en detalle algunas de estas alternativas, sus beneficios, sus riesgos y cómo pueden integrarse en una estrategia de inversión diversificada.

Inversión imobiliaria

Es una de las formas más tradicionales de invertir y, a lo largo del tiempo, ha sido vista como una de las más seguras. Al fin y al cabo, como dice el refrán: «La tierra siempre está ahí». La idea básica es bastante sencilla: comprar una propiedad (una casa, un piso, un local comercial, un terreno, etc.) con el objetivo de que su valor aumente con el tiempo o alquilarla para generar ingresos recurrentes. Aunque puede parecer muy fácil, en realidad invertir en inmuebles tiene sus complicaciones y no siempre es tan sencillo como comprar y esperar a que el valor suba.

Hacerlo tiene una serie de ventajas que la hacen atractiva para muchos. Una de las principales es que es una inversión tangible, es decir, puedes ver, tocar y controlar físicamente lo que has comprado. A diferencia de otros productos financieros, como las acciones o los bonos, un inmueble es algo que existe en el mundo real, lo que da una sensación de seguridad a muchos inversores. Además, permite generar ingresos pasivos. Si compras una propiedad para alquilarla, puedes recibir un ingreso mensual constante que, con el tiempo, podría ayudarte a cubrir los gastos del inmueble, e incluso generar un beneficio. De hecho, muchas personas consideran la inversión inmobiliaria como una forma de asegurar su jubilación, por esos ingresos recurrentes que puede proporcionar. Otra ventaja es que el valor de los inmuebles tiende a apreciarse con el tiempo: aunque los precios del mercado inmobiliario pueden fluctuar, a largo plazo suelen ir al alza, lo que significa que lo que compras hoy podría valer mucho más en diez o veinte años. Es una inversión a largo plazo que, bien gestionada, podría generar una buena rentabilidad.

Existen varias formas de invertir en el sector inmobiliario, y cada una tiene sus particularidades. Vamos a echar un vistazo a las más comunes:

- Compra y alquiler: es la forma más tradicional. Compras una propiedad (una casa, un piso o un local comercial) y la alquilas a inquilinos. Los ingresos pueden cubrir los gastos del préstamo hipotecario, impuestos y mantenimiento, y con el tiempo, pueden generar beneficios netos. Además, si el valor de la propiedad aumenta, podrías venderla a un precio más alto y obtener una ganancia.

- Compra para reventa: también conocida como *house flipping*. Esta estrategia consiste en comprar una propiedad a un precio bajo, hacer reformas para mejorarla y después venderla a un precio más alto. Es una estrategia más especulativa, ya que requiere tener un buen ojo para encontrar propiedades con potencial de revalorización, y también implica asumir los costos de la renovación.
- Inversión en propiedades comerciales: además de en viviendas, también se puede invertir en locales comerciales, como tiendas, oficinas o almacenes. Este tipo de inversión suele requerir más capital, pero también puede ofrecer rendimientos más altos, ya que los alquileres comerciales tienden a ser más elevados que los residenciales.
- Inversión en terrenos: otra opción es comprar terrenos, especialmente en áreas en desarrollo, y esperar a que suban de valor. Estos también pueden tener potencial para ser desarrollados en el futuro, lo que puede incrementar significativamente su valor. Esta estrategia puede ser arriesgada, ya que depende de los planes urbanísticos de la zona, y puede requerir de mucha paciencia.

Aunque la inversión inmobiliaria tiene muchas ventajas, también hay que tener en cuenta los riesgos. Uno de los principales es que los inmuebles no son activos líquidos, es decir, no se pueden convertir en dinero rápidamente. En otras palabras, vender una propiedad puede tardar meses, y si necesitas liquidez de forma urgente, puede ser complicado. También hay que considerar los gastos adicionales asociados con la propiedad; entre los de mantenimiento, los impuestos, los seguros y las reparaciones imprevistas, los costos pueden ser considerables. Además, si estás alquilando la propiedad, existe el riesgo de que el inquilino no pague o de que la propiedad quede vacía durante periodos prolongados. Otro riesgo es que el valor del inmueble no siempre sube. Aunque históricamente los precios inmobiliarios tienden a aumentar, hay periodos en los que el mercado se enfría o incluso cae, como ocurrió durante la crisis de 2008. Esto puede hacer que, en lugar de obtener ganancias, termines perdiendo dinero, si es que decides vender en un mal momento.

Para empezar a invertir en inmuebles, lo primero es tener un buen capital inicial. A menos que tengas todo el dinero necesario para comprar la propiedad en efectivo, necesitarás conseguir una hipoteca, lo que implicará demostrar que tienes una situación financiera estable y que puedes hacer frente a los pagos. También es importante investigar bien el mercado antes de hacer una compra, pues no todas las propiedades son una buena inversión, y hay que tener en cuenta muchos factores, como la ubicación, el estado de la propiedad, la demanda de alquileres en la zona y las tendencias del mercado inmobiliario.

Una opción interesante para quienes no tienen tanto capital o no quieren asumir todos los riesgos de comprar una propiedad directamente es invertir en REIT (Real Estate Investment Trusts) o SOCIMI, explicados en el capítulo anterior; también en plataformas de *crowdfunding* inmobiliario. Estos productos financieros permiten invertir en grandes proyectos inmobiliarios sin necesidad de comprar un inmueble. Es una forma de entrar en el mercado inmobiliario sin los dolores de cabeza que conlleva la gestión directa de propiedades.

Crowdlending

Es una forma de financiación colectiva en la que muchas personas prestan pequeñas cantidades de dinero a empresas o personas, a través de plataformas *online*, con la idea de recibir intereses a cambio. Es como si tú y otros cientos —o miles— de personas se unieran para actuar como el «banco» que presta el dinero, y a cambio obtendrían un rendimiento en forma de intereses. Este concepto se ha popularizado en los últimos años gracias a las plataformas digitales, que hacen el proceso mucho más accesible para inversores individuales. Este modelo se basa en una plataforma *online* donde los prestatarios (personas o empresas que necesitan financiación) publican sus proyectos o necesidades financieras, y los inversores (gente como tú y yo) deciden prestarles dinero. La plataforma se encarga de conectar ambas partes, gestionar los contratos y asegurarse de que los pagos se hagan de acuerdo con los términos establecidos.

Vamos con un ejemplo sencillo: imagina que una pequeña empresa necesita cincuenta mil euros para expandir su negocio, pero en lugar de acudir a un banco, decide pedir ese dinero a través de una plataforma de *crowdlending*. Publica su proyecto, explica para qué necesita el dinero, cuánto pide y cuánto está dispuesta a pagar de intereses. Como inversor, puedes ver la oferta y decidir si estarías dispuesto a prestarle parte de esa cantidad. Podrías prestar, por ejemplo, quinientos euros. Si todo va bien, la empresa te devolverá tu dinero en cuotas mensuales, con los intereses acordados añadidos, durante el periodo que se haya estipulado.

El *crowdlending* es muy versátil y puede usarse para financiar una amplia gama de proyectos. Veamos algunos ejemplos comunes:

- Préstamos personales: a veces, las personas acuden a esta opción para pedir un préstamo que les permita cubrir alguna necesidad financiera (como la compra de un coche, una reforma en casa o consolidar deudas).
- Préstamos empresariales: las pequeñas y medianas empresas (PYMES) lo utilizan como una forma de financiarse sin tener que pasar por los bancos, que en ocasiones son más estrictos con sus requisitos. Puede ser para expandir su negocio, adquirir equipo o mejorar su flujo de caja.
- Proyectos inmobiliarios: también es habitual ver proyectos relacionados con la construcción o renovación de inmuebles que buscan financiación mediante este modelo. Estos suelen tener plazos más largos y requieren inversiones más grandes.
- Proyectos de energías renovables o tecnología: algunas plataformas se especializan en proyectos de impacto social o medioambiental, lo que puede atraer a inversores interesados en contribuir a un bien mayor, además de buscar una rentabilidad.

Una de las principales ventajas del *crowdlending* es que te permite diversificar tus inversiones, es decir, no tienes que prestar grandes sumas a una única persona o empresa, sino que puedes dividir tu dinero entre varios proyectos. De este modo, si uno de los proyectos falla, las pérdidas se compensan con los rendimientos que obtienes de los demás. Otro punto a favor es que no necesitas ser un inversor millonario para participar. Algunas plataformas permiten inversiones desde cantidades muy pequeñas, como cincuenta o cien euros, lo que lo hace accesible para prácticamente cualquier persona. Además, la transparencia es una de las claves del *crowdlending*: puedes ver claramente a quién estás prestando dinero, para qué lo necesitan y qué tipo de riesgo implica. Y, por supuesto, está el rendimiento: los intereses que puedes obtener con esta opción suelen ser superiores a los de productos más tradicionales, como los depósitos a plazo fijo o los bonos del Estado, lo que la convierte en una elección atractiva para quienes buscan una mayor rentabilidad.

Aunque el *crowdlending* tiene muchos beneficios, también implica riesgos que no podemos pasar por alto. El principal es que el prestatario no devuelva el dinero. A diferencia de un banco, que tiene sistemas de recuperación de deuda más sofisticados y que a menudo exige garantías, los préstamos en estas plataformas pueden no estar asegurados, lo que significa que, si una empresa o persona no puede pagar, podrías perder tu inversión. Si bien es cierto que muchas plataformas realizan un análisis de solvencia antes de aprobar los proyectos que publican, no siempre es suficiente para garantizar que no habrá impagos. Por eso es importante que, si decides invertir en *crowdlending*, lo hagas con una estrategia de diversificación: prestar pequeñas cantidades a muchos proyectos diferentes es una buena manera de reducir el riesgo de perderlo todo en un solo golpe. Además, hay que tener en cuenta que no es un producto regulado de la misma manera en que lo están los depósitos bancarios o las inversiones en bolsa. Esto significa que, aunque las plataformas sean serias y transparentes, no tendrás la misma protección legal que podrías tener en los mercados financieros más tradicionales.

Para empezar a invertir en *crowdlending*, lo primero que necesitas es encontrar una plataforma de confianza (algunas de las más conocidas en España y Europa son Mintos, Hive5, Circulantis o Peerberry). Cada una tiene su propio enfoque y se especializa en diferentes tipos de préstamos, así que es buena idea explorar varias opciones antes de decidir dónde invertir. Una vez te registras, simplemente seleccionas los proyectos que más te interesan, decides cuánto dinero quieres prestar y estableces los términos. Después la plataforma se encargará de gestionar todo lo demás, desde la firma del contrato hasta la distribución de los pagos mensuales.

Esta es una forma innovadora de invertir que te permite actuar como prestamista y obtener rendimientos a cambio de asumir un cierto riesgo. Es una opción interesante si buscas diversificar tu cartera y generar ingresos pasivos; pero como con cualquier inversión, es importante que entiendas bien los riesgos antes de lanzarte.

Crowdfunding inmobiliario

Se trata de una manera relativamente nueva y diferente de invertir en bienes raíces, que no requiere comprar un inmueble entero por tu cuenta. A diferencia de la inversión inmobiliaria tradicional, con la que te conviertes en propietario único de una vivienda o local, el *crowdfunding* inmobiliario te permite invertir pequeñas cantidades de dinero junto con otros inversores para financiar un proyecto inmobiliario más grande. Así, podrás participar en el mercado inmobiliario sin necesidad de desembolsar enormes cantidades de capital ni preocuparte por gestionar una propiedad tú mismo. Se basa en plataformas digitales que ponen en contacto a promotores inmobiliarios (los que desarrollan los proyectos) con inversores (personas como tú y yo que quieren participar en ese proyecto). Es decir, en lugar de comprar una casa tú solo, estarías aportando una cantidad de dinero, junto con otros inversores, para financiar la compra, renovación o construcción de un inmueble. Una vez finalizado el proyecto, la idea es que el inmueble se venda o se alquile, y los inversores obtendrían un rendimiento basado en los beneficios generados por esa operación.

Por ejemplo, imagina que una empresa promotora necesita financiación para construir un edificio de apartamentos en el centro de la ciudad. Podría acudir a una plataforma de *crowdfunding* inmobiliario y solicitar financiación de varios pequeños inversores. Y tú, como inversor, podrías participar con mil euros. Una vez que se completara la construcción y que los apartamentos se vendieran o alquilaran, recibirías tu parte de los beneficios, en función de tu inversión inicial.

Lo genial de este modelo es que puedes diversificar y, en lugar de destinar todo tu capital a una sola propiedad, puedes distribuirlo entre varios proyectos. De esta manera, si uno de los proyectos no genera el retorno esperado, es posible que los otros compensen esa pérdida.

Existen principalmente dos tipos de *crowdfunding* inmobiliario:

1. *Crowdfunding* de deuda: prestas tu dinero al promotor inmobiliario a cambio de un interés fijo. Es similar a un préstamo, puesto que el promotor se compromete a devolverte el dinero facilitado junto con los intereses acordados en un plazo determinado. Es una opción más segura, ya que tendrías una idea clara de cuánto ganarás y cuándo lo recibirás. Sin embargo, las rentabilidades suelen ser más moderadas.

2. *Crowdfunding* de capital: en lugar de prestar dinero, estás comprando una participación en el proyecto inmobiliario. Esto significa que los rendimientos dependen directamente de su éxito. Si el inmueble se vende a buen precio, podrías obtener una rentabilidad mayor, pero también es asumir un mayor riesgo, ya que si el proyecto no va bien, tus ganancias podrían verse reducidas.

Este tipo de inversión tiene varias ventajas que la hacen atractiva para muchos pequeños inversores. Una de las más importantes es la accesibilidad: tradicionalmente, la inversión inmobiliaria requiere un gran capital inicial, ya que tienes que comprar una propiedad completa; en cambio, con el *crowdfunding*, puedes empezar con cantidades mucho más pequeñas, como quinientos o mil euros, lo que hace que el mercado inmobiliario esté al alcance de más personas. Otra de las ventajas es la diversificación: como hemos mencionado, puedes repartir tu dinero entre varios proyectos, lo que te permite reducir el riesgo; es decir, en lugar de poner todos tus ahorros en una única propiedad, puedes invertir en proyectos residenciales, comerciales, industriales, etc., en diferentes ciudades o incluso países. También es una buena opción si no quieres complicarte con la gestión directa de una propiedad, ya que no tienes que preocuparte por alquilar el inmueble, pagar impuestos, gestionar inquilinos o hacer reparaciones. Todo eso lo gestiona el promotor del proyecto o la plataforma, mientras tú solo te encargas de recibir los beneficios.

Como cualquier inversión, no está exento de riesgos, puesto que no tienes el mismo control que tendrías si fueras el propietario único de una propiedad. Dependes del éxito del proyecto y de la buena gestión del promotor, y si las cosas no salen bien, puedes perder parte o toda tu inversión. Además, aunque las plataformas de *crowdfunding* hacen análisis y verificaciones antes de publicar los proyectos, siempre existe el riesgo de impago o de que el proyecto se retrase. En este tipo de inversiones, es importante tener en cuenta que los plazos pueden ser largos y que los rendimientos no están garantizados. Otro riesgo es la falta de liquidez: a diferencia de las acciones o los ETF —que puedes comprar y vender en cualquier momento—, los proyectos suelen requerir que mantengas tu inversión durante un periodo de tiempo determinado, que puede ir desde meses hasta varios años. Esto significa que no podrás recuperar tu dinero hasta que el proyecto se complete y genere beneficios.

Para empezar, lo primero que necesitas es encontrar una plataforma de confianza; algunas de las más conocidas son Housers, Urbanitae, o Inveslar. Cada una tiene diferentes requisitos de inversión mínima y ofrecen proyectos con distintos niveles de riesgo y rentabilidad. Una vez que te registres en la plataforma, podrás explorar los proyectos disponibles, leer toda la información y decidir cuánto quieres invertir. En general, te permiten hacelo con pequeñas cantidades, lo que hace que sea fácil repartir tu dinero entre varios proyectos y reducir el riesgo.

En definitiva, el *crowdfunding* inmobiliario es una forma innovadora de acceder al mercado de bienes raíces sin tener que comprar una propiedad completa. Ofrece oportunidades de diversificación, accesibilidad y rendimientos potencialmente atractivos, pero como siempre, es importante estar bien informado sobre los riesgos y tener una estrategia clara antes de invertir.

Metales preciosos

La inversión en metales preciosos —como el oro, la plata o el platino— ha sido una de las formas más tradicionales de preservar valor a lo largo de la historia. Desde tiempos antiguos, han sido valorados no solo por su belleza, sino también por su capacidad para mantener el poder adquisitivo en tiempos de incertidumbre económica. Si bien hoy en día existen muchísimos tipos de inversiones modernas, estos siguen siendo populares entre los inversores como un activo refugio, es decir, un tipo de inversión que tiende a mantener su valor, o incluso aumentarlo en tiempos de crisis.

Una de las principales razones para invertir en estos metales es su capacidad para protegerte contra la inflación y la depreciación de las monedas, ya que cuando los bancos centrales imprimen dinero a mansalva, como hemos visto en varias crisis recientes, el valor de las divisas puede caer. Los metales preciosos, sin embargo, suelen mantener su valor, o incluso aumentarlo en esas situaciones, porque son activos tangibles y limitados. Además, no están tan ligados a los movimientos del mercado financiero, como otros activos. Es decir, cuando las bolsas caen y las inversiones en acciones pierden valor, los metales preciosos suelen comportarse mejor, ya que los inversores recurren a ellos para refugiarse en tiempos de incertidumbre. Por eso, muchos expertos recomiendan incluir un porcentaje de metales preciosos en la cartera de inversiones como una forma de diversificar y reducir el riesgo general.

En el mundo actual, la mayor parte de nuestro dinero es electrónico. Dependemos de internet, de la electricidad, de los bancos, de los cajeros automáticos, de los teléfonos móviles y de las tarjetas para acceder a nuestros ahorros y realizar pagos. Todo funciona de maravilla hasta que un día, por cualquier motivo —una avería técnica, una prohibición del gobierno, una guerra o un desastre natural—, esos sistemas dejan de funcionar. Imagina que un corte prolongado de electricidad o que la falta de acceso a Internet nos dejara sin posibilidad de disponer de nuestro dinero... En una situación así, tener algo físico y de valor, como el oro, podría marcar la diferencia, ya que este no depende de un banco o de una red para funcionar: siempre estará ahí y podrías venderlo o intercambiarlo si es necesario. Por eso, tener una parte de tu capital en metales preciosos es una forma inteligente de protegerte frente a situaciones imprevistas, y de combatir la inflación de manera efectiva.

Hay varias opciones para invertir: tanto de manera física como a través de instrumentos financieros —como ETF, acciones de empresas mineras o fondos de inversión. Pero si eres de las personas que prefieren tener algo tangible, la inversión en metales preciosos físicos puede ser una opción atractiva, ya que puedes comprar lingotes, monedas o incluso tabletas. Estos productos los puedes adquirir a través de empresas especializadas que se dedican a la compra y venta de metales preciosos. Algunos ejemplos son las monedas Krugerrand o los lingotes de oro que puedes guardar en casa o, si prefieres, puedes optar por servicios de custodia que las mismas empresas te ofrecen para guardar tu inversión en sus cajas fuertes.

Una de las principales ventajas de invertir en metal físico es que lo tienes en tus manos, lo que te da un mayor control sobre él, puesto que no dependes de los vaivenes de los mercados financieros ni de la estabilidad de una empresa o de un fondo de inversión. Si la economía se hunde, siempre tendrás tu oro, plata o platino guardado, que históricamente ha sido una reserva de valor muy fiable. Eso sí, hay que tener en cuenta que la inversión física también tiene sus inconvenientes. En primer lugar, está el tema de la seguridad: no todo el mundo se siente cómodo guardando lingotes de oro en casa, ya que podrían ser blanco de robos. En segundo lugar, existe el riesgo de que el precio de compra y venta tenga una diferencia significativa (lo que se llama el *spread*), lo que podría reducir tus beneficios. En tercer lugar, si decides custodiarlo con una empresa especializada, deberás pagar comisiones por ese servicio, lo que puede reducir tus ganancias. Pero si no te convence la idea de tener oro o plata física en casa, puedes optar por invertir en ETF, que replican el precio de los metales. Por ejemplo, si inviertes en uno de oro, no estarás comprando oro físico, pero sí estarás invirtiendo en un fondo que sigue muy de cerca el precio del oro; y esto te permite beneficiarte de las subidas de su valor, sin tener que preocuparte por almacenarlo o asegurarlo. Además, los costes de gestión de estos ETF suelen ser muy bajos: existen específicos para cada metal y cada uno sigue de cerca su evolución en los mercados internacionales. Es una opción ideal si buscas una forma más líquida de invertir en metales preciosos, ya que puedes comprar y vender tus participaciones en cualquier momento, como lo harías con cualquier otra acción.

Otra forma interesante de invertir en metales preciosos es a través de acciones de empresas mineras. Estas se dedican a la extracción de oro y de otros metales, y el valor de sus acciones está directamente relacionado con el precio de esos metales en el mercado. Cuando el precio del oro sube, por ejemplo, las acciones de esas empresas mineras tienden a subir también, ya que sus ingresos aumentan. Invertir en estas puede ofrecerte una mayor rentabilidad que simplemente comprando oro, ya que estas empresas pueden generar beneficios más allá de la apreciación del metal. Sin embargo, también son inversiones más volátiles y arriesgadas, puesto que su éxito no solo depende del precio del metal, sino también de factores como la gestión de la empresa, las regulaciones ambientales y los costes de producción.

8. ESTRATEGIAS DE INVERSIÓN

Cuando se trata de invertir, no existe una fórmula mágica que funcione para todos. Al igual que en una fiesta, donde cada cual baila al ritmo que más le gusta, en el mundo de las inversiones también hay una amplia variedad de estrategias para elegir. Este capítulo está dedicado a explorar esas diferentes formas de invertir, te ayudará a descubrir cuál se adapta mejor a tu perfil de riesgo, tu horizonte temporal y los productos financieros que prefieres utilizar.

Imagina que invertir es como elegir una ruta para un viaje: puedes optar por la autopista rápida y directa, pero si prefieres disfrutar del paisaje, tal vez elijas una carretera escénica, con paradas interesantes en el camino. De la misma manera, cada estrategia de inversión tiene su propio ritmo y beneficio. Algunas son más agresivas y buscan ganancias rápidas, mientras que otras son más conservadoras y se enfocan en el crecimiento a largo plazo. Es fundamental entender que no todas las estrategias son adecuadas para todo el mundo: tu elección dependerá de cuánto riesgo estás dispuesto a asumir, cuánto tiempo planeas mantener tus inversiones y qué tipo de productos financieros te resultan más cómodos. Por ejemplo, si eres de los que prefieren mantener las cosas simples y sin mucho estrés, podrías inclinarte por inversiones pasivas, como los fondos indexados. En cambio, si te encanta estar al tanto de cada movimiento del mercado y disfrutas un poco más la adrenalina, quizás te sientas más atraído por el *trading* activo o la inversión en acciones individuales.

Pero ¿cómo saber cuál es la mejor estrategia para ti? Aquí es donde entra en juego la importancia de probar y practicar. Muchos *brokers* ofrecen cuentas demo que te permiten experimentar con dinero ficticio antes de arriesgar tu propio capital. Y es como tener un simulador de vuelo: puedes practicar, cometer errores y aprender sin poner en peligro tu dinero real. Aprovechar estas herramientas te ayudará a familiarizarte con diferentes estrategias y encontrar aquella que realmente resuene contigo. Además, es vital evaluar tu propio perfil de inversor: ¿eres una persona que prefiere la estabilidad y la seguridad, o te sientes cómodo al asumir riesgos por la posibilidad de obtener mayores rendimientos? Tu respuesta a esta pregunta te guiará hacia las estrategias que mejor se alineen con tus objetivos y tu tolerancia al riesgo. No hay nada de malo en ser conservador o agresivo; lo importante es ser consciente de tus propias preferencias y actuar en consecuencia.

En este capítulo, vamos a desglosar algunas de las estrategias de inversión más populares y efectivas. Desde el Dollar Cost Averaging (DCA) —consiste en invertir una cantidad fija de dinero regularmente— hasta el análisis fundamental y técnico (pasaremos por el chartismo y otras tácticas que te permitirán diversificar tu enfoque). Cada una de estas estrategias tiene sus propias ventajas y desafíos, y entenderlas te permitirá tomar decisiones informadas sobre cómo y dónde colocar tu dinero. También exploraremos cómo adaptarlas a medida que cambian tus circunstancias personales y el entorno económico, ya que la inversión no es algo estático: al igual que tú, evoluciona con el tiempo. Aprender a ajustar tu enfoque te permitirá maximizar tus rendimientos y minimizar tus riesgos a lo largo de tu vida financiera.

Así que, si estás listo para sumergirte en el emocionante mundo de las estrategias de inversión, prepara tus notas, abre tu cuenta demo y comencemos a explorar las diferentes formas en las que puedes hacer que tu dinero trabaje para ti. Recuerda que no hay una única respuesta correcta, sino una variedad de caminos que puedes tomar para alcanzar tus objetivos financieros. ¡Vamos a descubrir cuál es el tuyo!

DCA en fondos índice o ETF

La estrategia DCA (Dollar Cost Averaging), que podemos traducir como «promediar el coste de compra», es una técnica de inversión bastante sencilla que consiste en invertir la misma cantidad de dinero de manera periódica, sin importar si el precio del activo en el que estás invirtiendo sube o baja. Lo que se busca con esta estrategia es aprovechar esos momentos en los que el precio de los activos fluctúa para promediar el coste de adquisición. Suele aplicarse en fondos indexados, ETF y productos que, en el largo plazo, tienen tendencia a subir.

Imagina que estás invirtiendo en un fondo indexado al S&P 500 y decides destinar cien euros mensuales. Si un mes el precio del índice ha subido, comprarás menos unidades. Si al siguiente baja, con los mismos cien euros conseguirás más participaciones. De este modo, en lugar de intentar predecir cuándo es el mejor momento para comprar, lo que haces es «promediar» los precios y suavizar el impacto de las subidas y bajadas del mercado.

La DCA es perfecta para aquellos que no quieren o no saben cómo estar pendientes de cuándo es el «momento perfecto» para invertir (*spoiler*: ese instante ideal rara vez lo vas a acertar). También es lo mejor si no quieres gastar todas tus energías intentando predecir los vaivenes del mercado. Además, es una estrategia apta para principiantes, ya que su ejecución es simple: solo tienes que fijar una cantidad y una periodicidad (mensual, quincenal o semanal), y después ser constante en seguirla.

La mayor ventaja es que reduce el impacto de la volatilidad, ya que al invertir la misma cantidad de forma periódica, te aseguras de no volcar todo tu capital en un mal momento. Por ejemplo, si el mercado cae drásticamente justo después de una gran inversión, podrías acabar con pérdidas. Sin embargo, con la DCA, estás comprando tanto en los días buenos como en los malos, lo que reduce el riesgo de haber puesto todo tu dinero en un mal momento. Pero otra ventaja es que es una estrategia muy fácil de seguir, puesto que no tienes que estar pendiente de los gráficos, de si la bolsa sube o baja, o de si las noticias sobre la economía son buenas o malas. Simplemente programas una transferencia periódica, pones tu inversión en piloto automático y te olvidas de los altibajos a corto plazo. Es casi como si te pusieras a ahorrar de forma automática, pero con la ventaja de que tu dinero no se queda estancado, sino que trabaja para ti. Es la estrategia que recomendaría a la mayoría de personas para empezar a invertir.

Inversión en valor de acciones

También es conocida como *value investing*. Se trata de una estrategia de inversión que se basa en buscar empresas infravaloradas en el mercado, es decir, acciones cuyo precio actual no refleja su verdadero valor. La idea central es comprar estas acciones a precios «de saldo», con la expectativa de que, con el tiempo, el mercado se dé cuenta de su verdadero valor y el precio suba. En pocas palabras, es como si te dedicaras a encontrar gangas en el mundo de la bolsa. El término «inversión en valor» está estrechamente ligado al legendario inversor Benjamin Graham, quien es considerado el padre de esta estrategia. Su alumno más famoso, Warren Buffett, ha aplicado esta filosofía, con resultados extraordinarios, a lo largo de su carrera. La premisa de esta estrategia es bastante sencilla de entender, pero no es tan fácil de aplicar: se trata de identificar empresas con fundamentos sólidos, cuyo valor intrínseco (es decir, lo que realmente valen) sea mayor que su precio de mercado actual.

Los inversores en valor se basan principalmente en el análisis fundamental de las empresas. Esto significa que estudian a fondo los números y los datos financieros de la compañía (como su balance, estado de resultados o flujos de caja) para ver si están en buena forma financiera; buscan cosas como un bajo nivel de deuda, una rentabilidad constante o activos valiosos, que el mercado no ha tenido en cuenta correctamente. Un ejemplo de esto podría ser una empresa que, debido a una mala noticia temporal (como una caída en las ventas en un trimestre o un cambio en su equipo directivo), ha visto cómo su precio de acción bajaba de golpe. A largo plazo, el inversor en valor creyó que esta bajada era irracional, ya que la empresa seguía siendo sólida y por eso, decidió comprar acciones en ese momento, cuando estaban «baratas», con la expectativa de que, cuando la situación se estabilizara, el precio subiría y reflejaría su verdadero valor.

Otra herramienta que usan los inversores en valor es el ratio financiero PER (Precio-beneficio o Price to Earnings Ratio), que compara el precio de una acción con los beneficios que genera la empresa. Uno bajo puede ser una señal de que la acción está infravalorada, aunque también hay que tener cuidado, ya que puede indicar que la empresa está atravesando dificultades. Todo esto es una simplificación: los analistas fundamentales, por lo general, son expertos en contabilidad y utilizan muchos ratios diferentes, analizan en profundidad las cuentas de las empresas. Los ratios financieros son herramientas utilizadas para analizar la situación económica y financiera de una empresa. Básicamente, son fórmulas que permiten a los inversores y analistas comprender mejor cómo está funcionando una compañía, al comparar diferentes cifras de sus estados financieros. Estos ratios, que se obtienen dividiendo diferentes componentes financieros entre sí, permiten medir aspectos como la rentabilidad, la liquidez, la solvencia y la eficiencia de una empresa.

Su mayor ventaja es que, al centrarse en comprar acciones infravaloradas, el inversor tiene un margen de seguridad. Esto significa que, incluso si la acción no sube tanto como esperaba, al haberla comprado barata, es menos probable que pierda mucho dinero. Es como si estuvieras comprando algo con un descuento importante: si las cosas no salen como esperabas, al menos no has pagado el precio completo. Además, la inversión en valor fomenta una mentalidad a largo plazo: los inversores no están interesados en las subidas y bajadas diarias de la bolsa ni en hacer *trading* rápido para obtener beneficios inmediatos; más bien, buscan empresas con potencial a largo plazo y se sientan a esperar pacientemente a que el mercado reconozca ese valor oculto.

Pero ojo, la inversión en valor no es una receta mágica. Uno de los principales inconvenientes es que puede llevar mucho tiempo que el mercado reconozca el verdadero valor de una empresa. Mientras esperas, es posible que veas cómo otras inversiones más especulativas (como las de crecimiento) están subiendo mucho más rápido. Esto puede ser frustrante, ya que a veces puede llevar años ver los resultados de una inversión en valor. Además, no es raro que algunos inversores en valor caigan en la trampa de este. Es decir, a veces una acción está barata por una buena razón: la empresa no está bien gestionada o su modelo de negocio está en declive. En este sentido, se necesita una buena dosis de análisis profundo y de conocimiento para evitar comprar acciones que parecen una ganga, pero que en realidad, no lo son.

Un buen ejemplo de esta estrategia es el propio Warren Buffett, quien ha hecho fortuna comprando empresas infravaloradas que, con el tiempo, han demostrado ser auténticas joyas. Una de las frases más famosas que dijo: «Es mucho mejor comprar una buena empresa a un precio justo, que una empresa mediocre a un precio excelente». En otras palabras, él prefiere pagar un poco más por una empresa sólida que esté destinada a crecer, en lugar de centrarse solo en lo más barato. Pero para ilustrarlo con otro ejemplo sencillo, imagina que hay una empresa de tecnología que ha visto cómo sus acciones cayeron después de un mal lanzamiento de producto. A corto plazo, los inversores se asustarán y venderán en masa. Sin embargo, los números de la empresa seguirían siendo buenos, ya que tiene poca deuda y sus productos seguirían siendo populares. Un inversor en valor verá esa bajada de precio como una oportunidad, comprará y esperará a que el mercado recupere la confianza en la empresa.

En resumen, el *value investing* es una estrategia pensada para aquellos que quieren invertir con la cabeza fría, sin dejarse llevar por las modas del momento ni por las noticias de corto plazo. Requiere paciencia, investigación y una mentalidad a largo plazo; y si se hace bien, puede ofrecer grandes resultados.

Inversión en crecimiento

También conocida como *growth investing*, es como apostar por ese caballo ganador que, aunque quizás no esté liderando la carrera ahora mismo, tiene todo el potencial para hacerlo en el futuro. Es una estrategia que busca empresas que están en pleno desarrollo y expansión, con la esperanza de que, dentro de unos años, esas acciones se disparen y te hagan ganar un buen dinero. A diferencia de la inversión en valor, mediante las cuales compras acciones infravaloradas, esperando que el mercado las reconozca y suban de precio, en la inversión en crecimiento ya estás pagando un precio más elevado, porque se asume que la empresa está en un momento de expansión y que su valor crecerá aún más con el tiempo.

Los inversores que siguen esta estrategia buscan empresas que están creciendo rápidamente o que tienen el potencial para hacerlo. Estas, aunque no generen grandes beneficios ahora, están invirtiendo todo lo que ganan en expandir su negocio, desarrollar nuevos productos o servicios y abrir nuevos mercados. Piensa en grandes compañías tecnológicas como Amazon, Facebook o Tesla en sus primeros años: en aquel entonces, no generaban los gigantescos beneficios que vemos ahora, pero los inversores en crecimiento las vieron como máquinas en potencia que, con el tiempo, dominarían sus sectores. Un inversor en crecimiento se fija más en el futuro que en el presente. No le importa que la empresa todavía no esté generando enormes beneficios o que sus dividendos sean nulos; lo que le interesa es que esa compañía tenga todos los ingredientes para multiplicar su valor en los próximos años. Y, si todo sale bien, el precio de sus acciones subirá en línea con su crecimiento.

Lo primero que tienes que entender es que no todas las empresas en crecimiento son iguales, pero suelen tener algunas características en común. Una de las más importantes es que están en sectores o mercados que tienen un gran potencial de expansión: la tecnología, por ejemplo, ha sido uno de los principales campos de juego de los inversores en crecimiento. Sectores como la inteligencia artificial, la biotecnología o las energías renovables están llenos de empresas que, aunque ahora sean pequeñas, tienen todo el potencial para cambiar el mundo. Otra forma de identificar una empresa en crecimiento es su capacidad de innovación: suelen estar a la vanguardia de su sector, lanzando productos o servicios que revolucionan el mercado. ¿Te acuerdas cuando Tesla empezó a apostar por los coches eléctricos y la mayoría de los fabricantes tradicionales se rieron de la idea? Pues bien, ahora casi todas las marcas están corriendo detrás para sacar los suyos propios. Los inversores que apostaron por Tesla desde el principio han visto cómo sus acciones se disparaban.

Una de las mayores ventajas de esta estrategia es la rentabilidad que puedes obtener si aciertas en tu selección. En otras palabras, si logras identificar una empresa cuando está en pleno crecimiento y mantienes tus acciones durante años, el retorno de tu inversión puede ser espectacular. Y no estamos hablando de un 5 % o un 10 %, sino de multiplicar varias veces el valor de tus acciones, si esa empresa despega como se espera. Además, la inversión en crecimiento suele ser emocionante, ya que estás invirtiendo en empresas que están cambiando el mundo, desarrollando nuevas tecnologías, servicios o productos que antes ni siquiera existían. Invertir en crecimiento no es solo una cuestión de números, también tiene un componente de creer en una visión del futuro.

Pero, como todo en la vida, no siempre es perfecto, puesto que la inversión en crecimiento también tiene sus desventajas. La más obvia es que, al apostar por empresas que están en una fase de expansión y que aún no han demostrado ser sostenibles, corres el riesgo de que todo se desmorone. Las empresas en crecimiento suelen reinvertir todo lo que ganan para seguir creciendo, por lo que muchas veces sus beneficios son bajos o inexistentes. Si algo va mal en su plan de crecimiento, el precio de sus acciones puede desplomarse. Otro problema es que, en muchos casos, estás comprando esas acciones cuando ya tienen un precio elevado. En otras palabras, no estás comprando barato, y eso significa que si el mercado empieza a dudar del crecimiento de la empresa, el precio de sus acciones puede caer rápido y entonces tu inversión podría sufrir grandes pérdidas. En este sentido, es una estrategia arriesgada, especialmente si no tienes la paciencia o el estómago para soportar las fluctuaciones.

Un buen ejemplo que ilustra la inversión en crecimiento es el caso de Amazon; a principios de los 2000, todavía no era la bestia que conocemos hoy. Su modelo de negocio se centraba en la venta de libros *online*, pero su fundador, Jeff Bezos, tenía una visión mucho más ambiciosa: quería crear una plataforma en donde la gente pudiera comprar absolutamente todo. En aquel momento, Amazon no generaba grandes beneficios y muchos inversores la consideraban una apuesta arriesgada. Pero los que vieron su potencial y mantuvieron sus acciones durante años han visto cómo su inversión fue creciendo exponencialmente, ya que se ha convertido en una de las empresas más grandes del mundo. Otro ejemplo podría ser Netflix, que empezó como una pequeña empresa de alquiler de DVD por correo. Los inversores que creyeron en su modelo de negocio y en su transición hacia el *streaming* han visto cómo el valor de sus acciones se disparó cuando la empresa cambió completamente la forma en que consumimos entretenimiento.

Inversión en dividendos

Es una de esas estrategias que suena perfecta para quienes buscan generar una renta pasiva, ya que básicamente, consiste en invertir en empresas que reparten dividendos a sus accionistas. Estos son una parte de los beneficios que una empresa decide repartir entre sus accionistas como recompensa por su confianza en la compañía. En otras palabras, en lugar de obtener ganancias solo cuando sube el valor de las acciones, los inversores en dividendos reciben un «extra» en efectivo de forma periódica, ya sea trimestral, semestral o anual, simplemente por poseer esas acciones. Es como tener una gallina que pone huevos mientras sigue siendo tuya.

Cuando compras una acción de una empresa que paga dividendos, te estás convirtiendo en un accionista y, por lo tanto, en un copropietario de la empresa. Si esta tiene beneficios y decide repartirlos, te enviarán una parte proporcional a la cantidad de acciones que poseas. Esto hace que la inversión en dividendos sea muy popular entre aquellos que buscan ingresos regulares, como personas que se acercan a la jubilación o inversores que quieren usar esos ingresos para reinvertir en más acciones. Por ejemplo, si tienes acciones de una empresa que paga un dividendo de dos euros por acción y tienes cien acciones, recibirás doscientos euros en dividendos ese año, solo por ser accionista.

Normalmente, las empresas que reparten dividendos suelen ser empresas grandes, estables y que llevan años en el mercado; que ya no necesitan reinvertir todo su capital en crecimiento, porque están en una fase más madura de su ciclo de vida. Piensa en gigantes como Coca-Cola, Procter & Gamble o Unilever. Estas empresas tienen ingresos estables y reparten dividendos de manera regular a sus accionistas como una forma de recompensa por su fidelidad. Eso no significa que todas las empresas grandes lo hagan, pues algunas, como Amazon o Tesla, prefieren reinvertir todo su dinero en expansión, en lugar de repartirlo. Así que, si lo que te interesa es el dividendo, tienes que hacer tu tarea y buscar empresas que sigan esta política de reparto.

Pero no solo las acciones pueden generar ingresos por dividendos. También existen fondos de inversión y ETF de reparto que los distribuyen a sus inversores. Estos agrupan un montón de acciones de diferentes empresas que pagan dividendos, de modo que no tienes que elegir tú mismo las empresas, ya que el fondo o el ETF lo hacen por ti. Lo bueno de esto es que te permite diversificar sin complicarte demasiado la vida, porque con una sola inversión puedes acceder a decenas o incluso cientos de empresas que reparten dividendos. Por ejemplo, hay algunos específicos que solo invierten en empresas con una larga trayectoria de pago de dividendos, lo que te da una exposición amplia y automática de las mejores en este sentido. Los fondos de inversión de reparto también son populares entre quienes buscan generar ingresos pasivos, ya que estos recogen los dividendos de todas las empresas en las que invierten y te los distribuyen de forma regular.

Una de las principales ventajas de esta estrategia es que te proporciona una fuente de ingresos constante. Si tienes suficientes acciones o inviertes en un fondo de reparto con un rendimiento razonable, podrás recibir pagos regulares que complementen tus ingresos. Para algunas personas, este flujo de efectivo es perfecto para reinvertirlo y así aumentar su cartera, mientras que para otras es una forma de cubrir gastos de forma estable. Además, invertir en empresas que pagan dividendos suele ser una estrategia menos volátil, ya que suelen ser más estables y consolidadas, por lo que sus precios de acciones no fluctúan tanto como las de las empresas en crecimiento. Por lo tanto, aunque no consigas grandes subidas en el precio de las acciones, puedes sentirte seguro de que seguirás recibiendo tus pagos.

Sin embargo, también hay que tener en cuenta algunos inconvenientes: las empresas que pagan dividendos no suelen ofrecer el mismo potencial de crecimiento que las empresas que reinvierten sus beneficios; como ya están en una fase madura de su ciclo de vida, no esperes que sus acciones se disparen de la noche a la mañana. Esto puede significar que a largo plazo la revalorización de las acciones sea más modesta. Además, los dividendos no están garantizados, es decir, una empresa puede decidir reducirlos o eliminarlos si sufre problemas financieros. Y aunque no suele pasar en empresas grandes y consolidadas, siempre es una posibilidad. Otro punto que debes tener en cuenta es el tema de la fiscalidad, puesto que los dividendos que recibes tributan en tu declaración de la renta y, dependiendo del país, pueden estar sujetos a impuestos más altos que las ganancias de capital.

Así que, aunque recibas ingresos regulares, una parte de ellos se te irá en impuestos, por lo que es importante que tengas esto en cuenta en tu planificación.

Te pongo un ejemplo de una estrategia de inversión en dividendos. Imagina que decides invertir diez mil euros en un ETF de reparto de dividendos que tiene un rendimiento medio del 4 % anual. Cada año, recibirías unos cuatroscientos euros en dividendos, que podrías usar para cualquier cosa: pagar facturas, reinvertir en más acciones o simplemente darte un capricho. Si los reinviertes, el poder del interés compuesto entraría en juego y haría crecer tu inversión de manera exponencial a lo largo del tiempo. Es una estrategia que, a largo plazo, puede generar una renta pasiva bastante interesante. Algunos inversores incluso llegan a un punto en el que viven exclusivamente de los dividendos que generan sus inversiones.

Análisis técnico

Es como intentar leer las huellas que deja el mercado a su paso. Esta metodología se basa en estudiar el comportamiento histórico de los precios para intentar prever hacia dónde irán en el futuro. Los que se dedican a esto, conocidos como analistas técnicos, no se fijan tanto en los números o en los resultados financieros de una empresa como lo haría un inversor en valor, sino en cómo se ha movido el precio de una acción, una divisa o cualquier otro activo en el pasado. La idea es que los precios no se mueven de forma aleatoria, sino que siguen patrones y tendencias que pueden repetirse, y aquí es donde entra el análisis técnico para intentar capturarlos. Su herramienta más famosa son los gráficos. Si alguna vez has visto uno de precios con esas líneas que suben y bajan, has tenido delante un ejemplo básico de análisis técnico. A partir de esos gráficos, los analistas intentan identificar patrones o formaciones que indiquen si el precio va a seguir subiendo, bajando o si se va a quedar «dormido». Y no solo se dibujan líneas, también usan un montón de indicadores técnicos (que son básicamente fórmulas matemáticas) para intentar descifrar qué está pasando con el activo.

¿Cómo funciona? Imagina que tienes una hoja llena de números que representan los precios de una acción durante el último año. A simple vista, esos números pueden parecer una locura: un día suben, al siguiente bajan y vuelven a subir... Pero si los colocas en un gráfico, de repente es mucho más fácil ver lo que está pasando. Tal vez haya días en los que el precio suba consistentemente, lo que indicaría una tendencia alcista, o quizás se mueva en un rango estrecho, lo que podría señalar una consolidación. Los analistas técnicos observan estos gráficos y buscan señales que les digan cuándo es el mejor momento para comprar o vender. Es como buscar pistas en un mapa del tesoro: si ves que una acción ha estado subiendo y de repente forma un patrón que ya has visto antes (como un «hombro-cabeza-hombro» o una «bandera»), podrías interpretar que el precio está por cambiar de dirección.

Los indicadores técnicos son fórmulas matemáticas que toman datos de precios y volumen y los procesan para darte información adicional. Algunos de los más conocidos son las medias móviles, que indican en forma de línea cuál ha sido el precio promedio de una acción en un periodo de tiempo determinado; o el RSI (Índice de Fuerza Relativa), que intenta medir si un activo está «sobrecomprado» o «sobrevendido». Básicamente, estos indicadores sirven como señales de alerta para los analistas técnicos, les ayudan a decidir si es buen momento para entrar o salir del mercado.

Una de sus principales ventajas es que permite identificar tendencias, es decir que si puedes ver que una acción lleva subiendo durante semanas, puedes intentar aprovechar esa tendencia y unirte a la fiesta antes de que el precio empiece a caer. Además, no solo ayuda a identificar momentos para comprar, sino también para vender, lo cual es muy útil para maximizar las ganancias o evitar pérdidas. Otra ventaja es que es bastante objetivo en su planteamiento, puesto que si sigues las reglas de tus indicadores y gráficos, podrías reducir la influencia de las emociones en tus decisiones. No se trata de «sentir» que una acción va a subir o bajar, sino de seguir lo que te dicen los gráficos y los datos.

Pero no todo es color de rosa, ya que no es infalible. Los precios no siempre se comportan de la manera que los patrones sugieren, y a veces el mercado puede hacer exactamente lo contrario de lo que parecía indicar el análisis. Además, requiere tiempo y dedicación para aprender a usar todas las herramientas y practicar lo suficiente hasta sentirte cómodo con ellas. No es algo que se aprenda de la noche a la mañana. Otro punto a tener en cuenta es que, aunque el análisis técnico parece ser más objetivo que otras formas de análisis, sigue teniendo una parte subjetiva, pues dos analistas pueden ver el mismo gráfico y llegar a conclusiones distintas, porque la interpretación de los patrones y de las señales no es siempre una ciencia exacta. También hay otro tipo de analista, el que niega la utilidad del análisis técnico. Como es habitual, suele haber batallas dialécticas entre seguidores de distintas corrientes.

Si te interesa empezar con el análisis técnico, lo primero que necesitas es aprender a leer gráficos: familiarízate con las herramientas básicas y prueba diferentes indicadores técnicos para ver cuáles te resultan más útiles. Hay plataformas de inversión que te permiten practicar con cuentas demo, lo cual es ideal para no arriesgar dinero real mientras aprendes. Y recuerda que al principio puede parecer un poco abrumador, pero como en todo, la práctica es clave. Es recomendable formarte con algún curso o mentor, pero asegúrate de que realmente es alguien que utiliza este tipo de análisis de forma real y que es rentable con ello, ya que hay muchos vendehúmos en este ámbito que ofrecen cursos muy básicos a precios desorbitados y que no prometen ninguna garantía de resultados. Un buen formador debería mostrar su *track record* auditado, donde se pueda observar con transparencia que gana dinero de forma sostenida en el tiempo utilizando el análisis técnico.

En resumen, esta es una herramienta poderosa para tomar decisiones de inversión basadas en el comportamiento histórico de los precios, pero no es una garantía de éxito. Lo importante es usarla como parte de una estrategia más amplia y combinarla con otras formas de análisis para tomar decisiones informadas. Una buena opción es seleccionar acciones interesantes mediante el análisis fundamental, y utilizar el análisis técnico para escoger el mejor momento en el que comprarlas o venderlas.

9. FISCALIDAD DE LAS INVERSIONES

Cuando hablamos de invertir, solemos enfocarnos mucho en elegir los mejores productos (fondos, acciones, bonos, criptomonedas, etc.). Y todo eso está bien, pero hay algo igual de importante que muchas veces pasamos por alto: la fiscalidad. Porque ¿de qué sirve obtener una buena rentabilidad, si una gran parte de ella se va en impuestos? Aquí es donde entra en juego la planificación fiscal, una herramienta clave para optimizar tus ganancias. En este capítulo, nos vamos a centrar en los impuestos que afectan a las personas físicas que residen en España, es decir, aquellos que vas a pagar tanto por tener un activo financiero como por los beneficios que te genera. Y aunque el tema puede parecer denso y lleno de tecnicismos, voy a hacer todo lo posible para explicarlo de forma clara y práctica, sin rodeos innecesarios. La idea es que, después de leer este apartado, tengas una visión completa de los impuestos que pueden afectar tus inversiones y que sepas cómo enfrentarte a ellos con inteligencia. Eso sí, para no complicar demasiado las cosas, no vamos a entrar en la normativa autonómica ni en las especialidades fiscales de Canarias, Ceuta y Melilla. Tampoco trataremos el régimen foral de Navarra o el País Vasco. Vamos a centrarnos en las reglas generales, las que aplican a la mayoría de los residentes en España.

¿Por qué es importante la planificación fiscal?

La fiscalidad influye directamente en la rentabilidad neta de tus inversiones. A menudo, los inversores se concentran únicamente en maximizar el rendimiento bruto, pero olvidan que lo que realmente importa es lo que queda después de pasar por Hacienda. Y aquí, la planificación fiscal puede marcar una diferencia abismal.

Imagínate que inviertes en acciones que te han generado un 10 % de rentabilidad, pero que a la hora de tributar, un gran porcentaje de esa ganancia se va en impuestos porque no tenías en cuenta cómo iba a tributar ese producto. O, al contrario, puede que hayas invertido en un producto con una rentabilidad más moderada, pero que ofrezca ventajas fiscales que hacen que al final termines con más dinero en tu bolsillo que con una inversión más arriesgada pero peor planificada fiscalmente.

Impuestos que afectan a los inversores

Existen varios tipos en España, ya sea por la tenencia de activos financieros (como acciones, bonos o inmuebles) o por los rendimientos que estos activos te generan. A continuación, vamos a desglosar los principales impuestos que debes tener en cuenta.

1. Impuesto sobre la Renta de las Personas Físicas (IRPF)

Este es el gran protagonista en cuanto a fiscalidad se refiere para los inversores. Este impuesto grava, entre otras cosas, los rendimientos del capital mobiliario (intereses de cuentas bancarias, dividendos, etc.) y las ganancias patrimoniales (beneficios por la venta de activos financieros). Afortunadamente, no todas las rentas que obtienes tributan de la misma manera. Dentro del IRPF, las rentas del ahorro tienen su propio tratamiento y tributan según una escala progresiva.

Rentas del ahorro

Incluyen las ganancias patrimoniales que obtienes por la venta de activos (como acciones, fondos de inversión o inmuebles) y los rendimientos del capital mobiliario, que son los dividendos o los intereses generados por productos financieros. Estas rentas tributan en función de una escala, que para 2024 es la siguiente:

- Hasta 6000 euros de ganancias: 19 %.
- Entre 6001 y 50 000 euros: 21 %.
- Entre 50 001 y 200 000 euros: 23 %.
- A partir de 200 001 euros: 27 %.

Es importante entender que el porcentaje se aplica de forma progresiva. Por ejemplo, si obtienes 70 000 euros de ganancias, los primeros 6000 tributan al 19 %; los siguientes 44 000 euros, al 21 %; y el tramo entre 50 001 y 70 000 euros, al 23 %.

¿Qué grava el IRPF?

1. Ganancias patrimoniales: los beneficios que obtienes al vender un activo (acciones, inmuebles, fondos, etc.) por más de lo que te costó. Si vendes una acción que compraste por diez euros a un precio de quince euros, has generado una ganancia patrimonial de cinco euros, y esa cantidad será gravada por el IRPF.

2. Rendimientos del capital mobiliario: aquí entran los dividendos que te pagan las acciones o los intereses de bonos y cuentas bancarias. Estos rendimientos también se consideran rentas del ahorro y tributan según la escala que mencionamos antes.

Exención por reinversión en vivienda habitual

Existe una exención interesante en el IRPF, que aplica a las ganancias patrimoniales obtenidas por la venta de tu vivienda habitual. Si decides reinvertir el dinero de la venta en la compra de otra vivienda habitual, puedes no tributar por esas ganancias. Esta medida busca incentivar la compra de vivienda, pero es importante tener en cuenta que solo aplica si reinviertes el dinero en otra vivienda habitual dentro de un plazo determinado.

2. Retención fiscal

Cuando inviertes en ciertos productos financieros, como acciones, bonos o cuentas de ahorro, hay un impuesto que se aplica directamente en el momento en que recibes tus ganancias: la retención fiscal. Esta no es más que un adelanto a Hacienda de los impuestos que deberás pagar cuando hagas tu declaración de la renta, y se aplica automáticamente sobre los ingresos que obtienes, como los dividendos de acciones o los intereses de productos financieros.

¿Qué productos están sujetos a retención?
La retención fiscal se aplica a varios tipos de ingresos que obtienes como inversor, principalmente, los rendimientos del capital mobiliario. Esto incluye:

- Dividendos: las empresas reparten parte de sus beneficios a los accionistas en esta forma. Cuando recibes un dividendo de una empresa en la que tienes acciones, automáticamente se te aplicará una retención fiscal del 19 % sobre el importe bruto del dividendo.
- Intereses de cuentas bancarias, bonos o depósitos: si tienes dinero en una cuenta de ahorro que genera intereses o has invertido en bonos (deuda) o depósitos a plazo, los intereses que generes también estarán sujetos a retención. De nuevo, se te retendrá el 19 % del interés generado.
- Rendimientos de seguros de vida y de capitalización: en el caso de los seguros de vida con componente de ahorro o inversión, cuando recibes beneficios, la entidad aseguradora aplicará también una retención del 19 %.
- Rendimientos de fondos de inversión: si decides reembolsar un fondo de inversión y obtienes beneficios, el banco o la entidad gestora aplicará la misma retención del 19 % sobre las ganancias.

¿Cómo funciona la retención fiscal?
Es una especie de «pago a cuenta» de los impuestos que deberás pagar cuando realices tu declaración del IRPF. En otras palabras, Hacienda se lleva un adelanto sobre tus ganancias

en el mismo momento en que las cobras. Esta retención se aplica de forma automática, sin que tengas que hacer nada: el banco, la entidad gestora del fondo o la empresa emisora de los bonos se encargan de calcular y de retener la cantidad correspondiente. Por ejemplo, si recibes mil euros en dividendos de una empresa, el banco te ingresará directamente ochocientos diez euros en tu cuenta, ya que habrá aplicado una retención del 19 % sobre el importe bruto (ciento noventa euros), que irá directamente a Hacienda.

¿Qué pasa con la retención cuando haces la declaración de la renta?

Cuando llegue el momento de hacer tu declaración de la renta al final del año fiscal, la retención ya aplicada se contabiliza como un adelanto. Por tanto, incluirás todas tus rentas del capital mobiliario (dividendos, intereses, etc.), pero no pagarás dos veces por lo mismo. En lugar de ello, restarás el importe de las retenciones que ya te han aplicado y, según el resultado, tendrás que:

- Pagar la diferencia: si el total de tus rendimientos es mayor y la retención ha sido insuficiente, Hacienda te pedirá que pagues la diferencia. Esto es común si, por ejemplo, has tenido muchas otras rentas que no están sujetas a retención y que aumentan tu base imponible.
- Recibir una devolución: si, por el contrario, las retenciones que te han hecho a lo largo del año superan lo que realmente deberías pagar en el IRPF, Hacienda te devolverá la diferencia. Esto puede ocurrir si, por ejemplo, tienes pocas rentas sujetas a tributación o si has hecho aportaciones a planes de pensiones que reducen tu base imponible.

¿Es siempre del 19 %?

Aunque la retención fiscal para los rendimientos del capital mobiliario en España es generalmente del 19 %, eso no significa que el tipo efectivo de tributación sea siempre el mismo. Esto solo es un adelanto y, al hacer tu declaración de la renta, el total de tus rentas del ahorro se sumará a la base imponible del ahorro, que tributa en una escala progresiva:

- Hasta 6000 euros: 19 %.
- Entre 6001 y 50 000 euros: 21 %.
- Entre 50 001 y 200 000 euros: 23 %.
- A partir de 200 001 euros: 27 %.

Por ejemplo, si a lo largo del año has generado dividendos y otros rendimientos que suman treinta mil euros, en tu declaración de la renta tendrás que tributar parte al 19 %, parte al 21 % y así sucesivamente. Como ya se te ha retenido el 19 %, deberás pagar la diferencia que corresponda en el siguiente tramo (21 %).

Ventajas y desventajas de la retención fiscal

Una de las ventajas de la retención fiscal es que al estar pagando por adelantado, no te encontrarás con una gran cantidad que abonar de golpe al final del año. Además, si haces bien tu planificación fiscal, la retención puede ayudarte a equilibrar tus finanzas.

La desventaja, sin embargo, es que aunque hayas pagado más de lo debido, tendrás que esperar hasta hacer la declaración para recuperar el dinero, en caso de que te corresponda una devolución. Si inviertes en varios productos financieros que generan ingresos periódicos, Hacienda irá reteniendo mes a mes y tendrás menos liquidez inmediata.

¿Qué ocurre con los extranjeros residentes?
Si lo eres en España, las retenciones fiscales también te afectan. En este caso, aquí aplica lo que se conoce como la doble imposición internacional, que evita que pagues impuestos dos veces por las mismas rentas en diferentes países. Si, por ejemplo, recibes dividendos de una empresa de tu país de origen, las leyes fiscales te permitirán compensar la retención que te hayan aplicado allí con la que te aplique España. Esto es especialmente importante si tienes inversiones en varios países.

Como ves, la retención fiscal es un mecanismo clave para que Hacienda se asegure de recibir los impuestos antes de que los rendimientos lleguen a tu cuenta. Pero recuerda que no es un impuesto definitivo: solo es un adelanto. El ajuste final llegará en la declaración de la renta, cuando se ponga todo en orden y se calcule cuánto realmente debes o cuánto te deben devolver.

3. Impuesto sobre el Patrimonio

Afecta a aquellas personas que tienen un patrimonio elevado. En este caso, este incluye no solo los bienes financieros (acciones, fondos de inversión, etc.), sino también los inmuebles, vehículos, joyas, arte y cualquier otro bien de valor. Este impuesto grava la mera tenencia de patrimonio, no solo cuando obtienes rendimientos de tus activos. Sin embargo, tiene ciertas exenciones y mínimos que dependen de la comunidad autónoma en la que residas., ya que en la mayoría de estas, el mínimo exento suele estar en torno a los quinientos mil euros de patrimonio neto, aunque en algunas puede llegar a los setecientos mil. Esto significa que solo tributas por el valor del patrimonio que supere ese mínimo. Además, la vivienda habitual está exenta hasta los trescientos mil euros, lo que ayuda a reducir la base imponible del impuesto.

El tipo impositivo del Impuesto sobre el Patrimonio varía en función de la comunidad autónoma y del valor total de tu patrimonio, pero generalmente oscila entre el 0,2 % y el 3,5 %. Las personas con patrimonios muy elevados (por encima de varios millones de euros) son las que suelen pagar los tipos más altos.

¿Quién debe preocuparse por este impuesto?
Afecta principalmente a personas con un alto poder adquisitivo. Si tienes un patrimonio considerable, es importante calcular tu valor neto (restando deudas, hipotecas y otros pasivos) para determinar si estás sujeto. Aunque el Impuesto sobre el Patrimonio no afecta a la mayoría de los inversores particulares, si estás en este rango, vale la pena hacer una buena planificación patrimonial para minimizar su impacto.

4. Impuesto sobre las Transacciones Financieras (ITF)

Es más conocido como la Tasa Tobin y se trata de un impuesto que se introdujo en España, en enero de 2021. Tiene como objetivo gravar la compra de acciones de grandes empresas cotizadas, es decir, aquellas que tienen una capitalización bursátil superior a mil millones de euros. El tipo impositivo es del 0,2 % sobre el valor de la compra de las acciones.

En este caso, solo afecta la compra de acciones de grandes empresas españolas, es decir que si compras acciones de empresas más pequeñas o de empresas extranjeras, este impuesto no se aplica. Tampoco afecta las operaciones de venta ni la compra de otros productos financieros como ETF, fondos de inversión, bonos o derivados. Y aunque no tiene un impacto masivo sobre los pequeños inversores, es algo a tener en cuenta si sueles operar con acciones de grandes empresas españolas.

5. Fiscalidad de los Fondos de Inversión

Estos tienen un tratamiento fiscal bastante interesante en España, ya que ofrecen ciertas ventajas que otros productos no. Una de las principales es que no pagas impuestos hasta que decidas reembolsar tu inversión, es decir, cuando vendas tus participaciones y obtengas ganancias. Mientras mantengas tu dinero invertido en el fondo o realices traspasos entre fondos (cambias tu dinero de uno a otro), no tendrás que tributar. Esto significa que puedes hacer movimientos dentro de tu cartera sin que eso implique una carga fiscal inmediata, lo que te da mucha flexibilidad para gestionar tu dinero sin preocuparte por pagar impuestos cada vez que hagas un cambio. Sin embargo, cuando finalmente decidas reembolsar el fondo, las ganancias obtenidas tributarán como patrimoniales, siguiendo la misma escala del IRPF que vimos anteriormente (19 % al 27 %).

Ejemplo práctico: imagina que tienes diez mil euros invertidos en un fondo de renta variable. Si decides traspasarlo a un fondo de renta fija porque crees que el mercado de acciones está inestable, no pagarás impuestos en ese momento. Sin embargo, si más adelante decides reembolsar parte de tu inversión y obtienes una ganancia de dos mil euros, se integrará en tu base imponible y tributarás según la escala del IRPF.

6. Impuesto de Sucesiones y Donaciones

Es otro impuesto importante que los inversores deben tener en cuenta, ya que grava la transmisión de bienes y derechos entre personas, ya sea por una herencia o por una donación. Es decir, si heredas o recibes como donación acciones, fondos de inversión, inmuebles u otros activos financieros, deberás tributar por el valor de esos bienes.

Un aspecto importante es que varía significativamente dependiendo de la comunidad autónoma donde residas, ya que cada una tiene sus propias reducciones y bonificaciones. Además, el parentesco con la persona que te transfiera los bienes también afecta la cantidad que deberás pagar. Por ejemplo, heredar de un padre o de una madre suele estar bonificado en muchas comunidades autónomas, mientras que heredar de alguien con quien no tienes parentesco cercano puede salir mucho más caro.

Ejemplo práctico: si heredas un paquete de acciones valorado en cien mil euros, el impuesto que tendrás que pagar dependerá tanto de la comunidad autónoma como de tu relación con el fallecido. En algunas comunidades, heredar de un familiar directo puede estar bonificado hasta en un 99 %, mientras que en otras, la carga fiscal puede ser considerable.

7. Impuesto sobre Bienes Inmuebles (IBI)

Este es uno de los más conocidos y que, en algún momento, afecta a la mayoría de las personas que poseen propiedades en España. Si tienes un inmueble, ya sea como residencia habitual, segunda vivienda o inversión, estás sujeto al pago de este impuesto. El IBI es un tributo municipal, lo que significa que son los ayuntamientos quienes lo gestionan y recaudan. Así que, dependiendo del municipio donde se encuentre tu propiedad, el tipo impositivo y los métodos de cálculo pueden variar. Otro dato es que se aplica sobre el valor catastral del inmueble (es una valoración realizada por la administración pública), que no es lo mismo que el valor de mercado, ya que suele ser inferior, pero tiene en cuenta características del inmueble como la ubicación, el tamaño y las mejoras que se le hayan hecho a lo largo del tiempo.

Ahora veamos en detalle cómo funciona este impuesto, cómo se calcula y qué debes tener en cuenta si posees inmuebles como parte de tu estrategia de inversión.

¿Cómo se calcula el IBI?

Tomando como base el valor catastral del inmueble y aplicando sobre él un tipo impositivo que es fijado por el ayuntamiento donde se encuentra la propiedad. Es decir, no todos los inmuebles pagan el mismo porcentaje, y las diferencias entre municipios pueden ser bastante significativas. Los tipos impositivos suelen oscilar entre el 0,4 % y el 1,3 % del valor catastral, dependiendo de si el inmueble es **urbano** o **rústico**, y de las políticas fiscales del ayuntamiento en cuestión.

Un ejemplo práctico: imagina que tienes un piso en Madrid, cuyo valor catastral es de ciento cincuenta mil euros. Si el ayuntamiento de allí aplica un tipo impositivo del 0,5 %, el cálculo sería el siguiente:

- 150 000 euros (valor catastral) x 0,5 % (tipo impositivo) = 750 euros de IBI anual.

Ese sería el impuesto que tendrías que pagar al ayuntamiento cada año, por poseer ese inmueble.

Diferencias entre inmuebles urbanos y rústicos

Como mencioné antes, una de las principales diferencias a la hora de calcular el IBI está en si el inmueble es urbano o rústico. Los inmuebles urbanos, que incluyen viviendas, oficinas, locales comerciales y garajes, suelen tener un tipo impositivo más alto que los inmuebles rústicos, como tierras agrícolas o terrenos no urbanizables. En el caso de los inmuebles rústicos, los tipos impositivos suelen ser más bajos, ya que no están tan relacionados con el uso comercial o residencial.

Exenciones y bonificaciones

Aunque el IBI es un impuesto que se paga todos los años, en algunos casos existen exenciones y bonificaciones que pueden reducir la carga fiscal. Estos son algunos ejemplos:

- Exenciones: algunas propiedades pueden estar exentas de pagarlo, como las propiedades del Estado, los edificios de carácter religioso, los centros educativos o los monumentos históricos. Si tienes la suerte de poseer un edificio catalogado como histórico, podrías beneficiarte de esta exención.
- Bonificaciones: en ciertos municipios, es posible que los propietarios de viviendas de protección oficial o personas que tienen inmuebles destinados a fines sociales puedan obtener bonificaciones. Además, algunos ayuntamientos ofrecen reducciones si domicilias el pago del IBI, lo que puede suponer un ahorro en la factura anual.

En otros casos también se aplican bonificaciones si realizas mejoras energéticas en la propiedad. Por ejemplo, algunos ayuntamientos ofrecen una bonificación en el IBI si instalas paneles solares o mejoras la eficiencia energética de tu inmueble, lo que no solo reduce tu consumo de energía, sino que también te permite ahorrar en impuestos.

¿Cuándo se paga el IBI?

Este pago se realiza generalmente una vez al año, aunque cada ayuntamiento puede establecer plazos diferentes para hacer efectivo el pago. En muchos casos, se puede optar por fraccionar el pago en varios plazos, lo que facilita la gestión financiera para los propietarios. Si se decide domiciliarlo, algunos ayuntamientos pueden ofrecer pequeñas bonificaciones, lo que es un incentivo para que los contribuyentes mantengan al día sus obligaciones fiscales.

¿Cómo afecta a los inversores inmobiliarios?

Si tienes propiedades como parte de tu estrategia de inversión, el IBI es un factor importante que debes tener en cuenta, ya que afecta directamente la rentabilidad neta de tus inversiones inmobiliarias. El ingreso por alquiler que obtienes de una propiedad, por ejemplo, debe tener en cuenta los gastos asociados, y el IBI es uno de esos recurrentes que no puedes evitar. Es decir que si estás alquilando un inmueble, podría ser buena idea incluirlo en el precio del alquiler, o al menos tenerlo en cuenta cuando calcules tu rentabilidad bruta y neta. Por ejemplo, si el alquiler anual de tu piso es de diez mil euros y pagas setecientos cincuenta de IBI, esa cantidad debe restarse de tus ingresos antes de calcular el beneficio real que estás obteniendo.

¿Qué pasa si no lo pagas?

Es un impuesto obligatorio, por lo que si no lo pagas, el ayuntamiento puede tomar medidas para recuperar la deuda. Esto puede incluir desde recargos por pago tardío hasta, en casos más graves, el embargo del inmueble. Por lo tanto, es fundamental que te mantengas al día para evitar problemas legales. En algunos municipios, si acumulas varios años de impago, podrían hasta incluirte en un proceso de ejecución hipotecaria sobre la propiedad.

Consejos prácticos para optimizar el IBI

Aunque se trata de un impuesto inevitable para los propietarios de inmuebles, hay algunas cosas que puedes hacer para optimizar su impacto en tu cartera de inversiones:

- Solicitar bonificaciones: infórmate bien de las que ofrece tu ayuntamiento, especialmente si estás planeando realizar mejoras en el inmueble o si tienes algunos con un tipo de protección especial.
- Domiciliar el pago: en muchos casos, hacer esto no solo te garantiza que no se te pase el plazo, sino que además puede ofrecerte una pequeña bonificación.
- Incorporar el IBI en tus cálculos de rentabilidad: a la hora de calcular si una propiedad es rentable como inversión, no olvides incluirlo entre los gastos anuales. Esto te dará una visión más clara de la rentabilidad real de tu inversión.

Como puedes ver, el Impuesto sobre Bienes Inmuebles es un gasto recurrente que debes considerar si tienes propiedades en tu cartera de inversiones. Aunque no es tan elevado como otros, su efecto acumulado puede impactar en la rentabilidad de tus inversiones inmobiliarias, por lo que es fundamental incluirlo en tu planificación financiera.

8. Fiscalidad de los Planes de Pensiones

Son uno de los productos financieros más populares en España para planificar la jubilación y tienen una fiscalidad muy particular que ofrece ciertas ventajas en la fase de aportación, pero que implica una tributación importante cuando finalmente cobras el plan. Vamos a ver cómo funcionan a nivel fiscal.

Planes de pensiones individuales
En estos casos, el límite máximo de aportación es de mil quinientos euros anuales. Sin embargo, la deducción en el IRPF no se basa únicamente en esa cantidad fija, sino que depende de otro factor: la cantidad deducible será la menor entre esos mil quinientos euros o el 30 % de la suma de los rendimientos netos del trabajo y de actividades económicas del contribuyente. Esto significa que si tus rendimientos son bajos, el porcentaje del 30 % puede limitar aún más la cantidad que podrás deducir.

Planes de pensiones de empleo
En este caso, donde la empresa contribuye al plan en nombre del trabajador, el límite máximo de aportación es de ocho mil quinientos euros anuales. Estas aportaciones pueden ser realizadas tanto por la empresa como por el propio trabajador, pero las de este último no pueden superar las de la primera. Esto quiere decir que el trabajador puede aportar lo mismo que su empleador, pero sin exceder dicho límite. Además, desde 2023 existen los planes de empleo simplificados para pequeñas empresas y autónomos. En estos casos, el límite adicional de aportación es de 4250 euros anuales, lo que eleva el máximo total de aportación a 5750, si se suman a los mil quinientos de los planes individuales.

Rescate del plan de pensiones

El momento de la verdad llega cuando decides rescatar el plan de pensiones, ya sea en forma de capital (todo el dinero de una sola vez) o en forma de renta (recibiendo pagos periódicos). Y entonces la fiscalidad cambia. A diferencia de otros productos financieros, los planes de pensiones no tributan como rentas del ahorro, sino como rendimientos del trabajo. Esto significa que el dinero que rescates se sumará a tus ingresos del año y tributarás por él a los tipos del IRPF correspondientes.

Un ejemplo práctico: si durante tu vida laboral has acumulado doscientos mil euros en tu plan de pensiones y decides rescatarlos de una sola vez en el año en que te jubilas, esos doscientos mil se sumarán a tu base imponible y podrían elevarte a los tramos más altos del IRPF. Por esta razón, es recomendable rescatar el plan de forma escalonada, para evitar que te golpeen con un tipo impositivo elevado. Además, si tu plan de pensiones es anterior a 2007, puedes beneficiarte de una reducción del 40 % en las cantidades rescatadas en forma de capital. Pero solo puedes aplicar esta reducción una vez, por lo que debes planificar cuidadosamente cuándo y cómo rescatar tu plan de pensiones.

9. Fiscalidad de las criptomonedas

El auge de las criptomonedas ha traído consigo un nuevo campo de juego en términos fiscales. Aunque estas no están reguladas como una divisa oficial, las operaciones que realizas con ellas, como comprar, vender o intercambiar, sí están sujetas a impuestos en España.

Las ganancias o pérdidas que obtienes al venderlas se consideran ganancias patrimoniales y tributan en la base del ahorro del IRPF, con los tipos que mencionamos anteriormente (19 %, 21 %, 23 % y 27 %, según el importe). Esto significa que, si compraste bitcoin por cinco mil euros y lo vendes por ocho mil, tendrás una ganancia patrimonial de tres mil euros, que deberá tributar al tipo correspondiente. Si, por el contrario, vendes tus criptomonedas con pérdidas, puedes compensarlas con otras ganancias que hayas obtenido en el mismo ejercicio fiscal o en los siguientes cuatro años, lo que te permitirá reducir la base imponible y pagar menos impuestos.

Importante: la fiscalidad de las criptomonedas no se limita solo a cuando las vendes. Si haces un intercambio de una por otra (por ejemplo, de bitcoin a cardano), eso también se considera una operación sujeta a impuestos, ya que se está evaluando como una venta y una compra. Además, si decides minar criptomonedas, los rendimientos que obtengas se considerarán rendimientos de actividades económicas y tributarán dentro del IRPF como tal. Esto implica llevar un control estricto de ingresos y de gastos relacionados con la actividad de minería.

Consejos prácticos para optimizar la fiscalidad de tus inversiones

Después de haber visto todos estos impuestos y cómo afectan los diferentes tipos de productos financieros, la gran pregunta es ¿cómo optimizar la fiscalidad de tus inversiones? Aquí te dejo algunos consejos prácticos:

1. Aprovecha las ventajas fiscales de los planes de pensiones: si tienes un alto nivel de ingresos, hacer aportaciones en estos planes puede ayudarte a reducir tu

factura fiscal cada año. Pero planifica bien el rescate cuando llegue el momento.

2. Traspasa —no vendas— en fondos de inversión: si los tienes y quieres cambiar tu cartera, utiliza los traspasos entre fondos para evitar pagar impuestos hasta que decidas reembolsar el dinero.
3. Diversifica tu cartera: no solo desde el punto de vista del riesgo, sino también desde la fiscalidad. Diferentes productos tributan de manera distinta, por lo que combinar activos con fiscalidades ventajosas puede ayudarte a reducir la carga impositiva.
4. Planifica el rescate de tu plan de pensiones: no esperes hasta el último momento. Si rescatas todo el capital de golpe, podrías llevarte una desagradable sorpresa en forma de IRPF elevado. Planifica para evitar que todo se acumule en un solo ejercicio fiscal.
5. Controla el impacto de las criptomonedas: si esa es tu inversión, lleva un registro detallado de todas tus operaciones, tanto de compra-venta como de intercambio. Te evitarás sorpresas y problemas con Hacienda.

Es importante tener en cuenta que los porcentajes del IRPF, IBI y de otros impuestos pueden variar dependiendo de la región en la que se encuentre tu propiedad. Cada ayuntamiento tiene autonomía para fijar sus propios tipos impositivos dentro de ciertos límites, lo que significa que no todas las zonas de España aplican los mismos porcentajes. Además, como ocurre con muchos impuestos, las normas fiscales cambian con el tiempo. Dependiendo de cuándo leas este libro, es posible que los tipos impositivos sean distintos, ya que los políticos ajustan los impuestos según las circunstancias económicas o sus propios criterios de gestión. Por eso, es recomendable que siempre verifiques la normativa vigente al momento de realizar tus inversiones o de planificar tus finanzas.

La fiscalidad es una parte inevitable de cualquier estrategia de inversión, pero con una buena planificación, puedes minimizar su impacto y mantener más dinero en tu bolsillo. Entender los impuestos que afectan tus inversiones te permitirá tomar decisiones más informadas y optimizar la rentabilidad de tu cartera a largo plazo.

Este capítulo ha intentado ofrecerte una visión práctica y sistemática de los principales impuestos que afectan a los inversores en España. Recuerda que, aunque a veces parece complicado, la clave está en conocer las reglas del juego para poder utilizarlas a tu favor. Como siempre, si tienes dudas más específicas, contar con el apoyo de un asesor financiero o fiscal te ayudará a navegar este complejo pero importante aspecto de la inversión.

10. PSICOLOGÍA DEL INVERSOR

Cuando hablamos de inversión, solemos centrarnos en los números (porcentajes de rentabilidad, gráficos, estadísticas, etc.), pero la realidad es que, si bien estos son importantes, hay un factor que suele ser más decisivo en los resultados de una inversión: la psicología del inversor. Al fin y al cabo, somos humanos y las emociones tienen una enorme influencia en las decisiones que tomamos, especialmente cuando el dinero está en juego.

La psicología del inversor puede hacer que alguien siga una estrategia de inversión sólida y con sentido, o que se lance a decisiones impulsivas que terminen en desastre. ¿Por qué algunas personas venden sus inversiones en pánico, cuando el mercado baja, mientras que otras aprovechan para comprar? ¿Por qué muchos caen en promesas de rentabilidades milagrosas, mientras que otros se mantienen tranquilos y disciplinados? Entender tu propia psicología y aprender a controlar tus emociones es tan importante como saber leer un gráfico o entender cómo funciona el mercado. En este capítulo, vamos a hablar de cómo las emociones pueden afectar tu estrategia de inversión, y lo más importante: cómo puedes dominar esas emociones para evitar tomar decisiones impulsivas y asegurar que tus inversiones se mantengan sólidas a lo largo del tiempo.

FOMO: el miedo a quedarse fuera

Uno de los fenómenos psicológicos más comunes y destructivos en el mundo de la inversión es el FOMO, siglas en inglés de *Fear of missing out*, o lo que es lo mismo: el miedo a quedarse fuera. Es esa sensación que te inunda cuando ves que todo el mundo está hablando de una inversión que está subiendo como la espuma, y tú no has participado; es ese sentimiento de que te estás perdiendo algo grande. Este es uno de los principales culpables de que los inversores compren cuando un activo ya ha subido mucho, pensando que va a seguir subiendo indefinidamente. El problema es que, cuando todos ya están hablando de esa inversión, es probable que estés llegando tarde. En otras palabras, comprar cuando los precios están altos por miedo a quedarse fuera es una receta para el desastre, ya que muchas veces estos activos sufren correcciones importantes justo después de que los inversores más inexpertos entran.

Un ejemplo perfecto de esto fue el *boom* de las criptomonedas en 2017. Durante meses, todo el mundo hablaba de bitcoin y de otras que estaban alcanzando precios astronómicos. Las redes sociales estaban llenas de personas compartiendo cómo habían multiplicado su dinero en cuestión de semanas, y eso llevó a una avalancha de nuevos inversores que querían subirse al carro «antes de que fuera demasiado tarde». ¿El resultado? Muchos compraron justo en la cima de la burbuja, solo para ver cómo sus inversiones se desplomaron semanas después.

Entonces ¿cómo evitar el FOMO? A todos nos ha pasado. Estás navegando por tus redes sociales o leyendo alguna noticia, y de repente ves a alguien diciendo que ha ganado un dineral invirtiendo en algo que ni sabías que existía hasta hace cinco minutos. Bitcoin, Tesla, NFT o cualquier otra tendencia del momento. Es en ese instante cuando este miedo a quedarse fuera empieza a apoderarse de ti, y te dices a ti mismo: «Si todo el mundo lo está haciendo, yo también debería, ¡no me puedo quedar atrás!». Pero espera un momento antes de lanzarte a la piscina sin mirar si hay agua, pues hay algo que tienes que entender: la mayoría de las veces, cuando todos están hablando de lo mismo y parece que todo el mundo se está haciendo rico menos tú, es muy probable que ya estés llegando tarde; así que, respira hondo y baja el móvil, porque comprar algo solo porque está de moda y todo el mundo lo está haciendo es un billete directo a la frustración. Imagínate que todo el mundo está en una fiesta genial y que tú decides unirte cuando ya están guardando las sillas. Bueno, pues con las inversiones ocurre lo mismo. Cuando ya todo el mundo está subido al carro de la tendencia, es probable que la fiesta esté a punto de terminar.

Piénsalo así: los que hicieron dinero de verdad con bitcoin, por ejemplo, no son los que compraron cuando todos los periódicos hablaron de ello, sino los que compraron años antes, cuando nadie les hacía caso. El FOMO te hace sentir que si no entras en ese mismo instante, te estarás perdiendo la oportunidad de tu vida. Pero la realidad es que la inversión exitosa rara vez es cuestión de saltar en el momento exacto, sino de mantener la calma y apegarte a una estrategia a largo plazo.

Entonces ¿cómo puedes evitar caer en esa trampa? Primero, recuerda que no todo lo que suena increíble termina siendo real. Muchas veces, las oportunidades que parecen las más fáciles o rápidas son las que esconden los mayores riesgos. En lugar de lanzarte a la última moda de inversión como si fuera una oferta irrechazable, tómate el tiempo para analizar si realmente encaja con tu estrategia. Pregúntate: «¿Esto es algo que realmente entiendo o solo me siento arrastrado por el entusiasmo de los demás?». Porque cuando tienes claros tus objetivos financieros y entiendes qué productos o activos son los adecuados para ti, es mucho más fácil ignorar las distracciones y los movimientos impulsivos que te presentan las redes sociales o los titulares que buscan captar tu atención. Y un truco más: cuando sientas que este miedo empieza a susurrarte al oído, repite esta frase: «Los grandes inversores no persiguen tendencias, las crean». Suena mucho más épico, ¿verdad? Pues eso. Ser un inversor exitoso significa mantener la calma, no dejarte llevar por las emociones del momento y, sobre todo, no seguir al rebaño cuando está corriendo hacia un precipicio.

Pánico en los mercados: cómo mantener la calma

Del otro lado del espectro emocional, está el pánico. Si el FOMO hace que la gente compre en el peor momento, el terror hace que muchos vendan justo cuando deberían quedarse quietos. Esto es lo que lleva a los inversores a deshacerse de sus activos en medio de un mercado bajista, impulsados por el miedo a perder aún más. Y suele ocurrir cuando el mercado experimenta caídas bruscas. En esos momentos, la incertidumbre se apodera de muchos inversores, y entonces se hace fácil pensar: «Si no vendo ahora, perderé todo». Pero la realidad es que las caídas del mercado, aunque dolorosas, son una parte natural de la inversión, pues estos suben y bajan, pero históricamente siempre han tendido a recuperarse con el tiempo.

Uno de los mayores errores que cometen los inversores principiantes es vender en el momento equivocado, precisamente cuando los precios están bajos. Es algo tan común, que tiene hasta un nombre en psicología financiera: *comportamiento manada*, o lo que es lo mismo, actuar movido por lo que está haciendo la mayoría, sin pensar con claridad. Y el caso de la crisis financiera de 2008 es un buen ejemplo de esto, ya que muchas personas vendieron sus inversiones en el punto más bajo del mercado, cuando los precios estaban desplomados y parecía que el sistema financiero colapsaría. Pero los inversores que mantuvieron la calma, aquellos que no dejaron que el pánico los dominara, vieron cómo sus carteras se recuperaron en los años posteriores, generando incluso grandes ganancias a largo plazo.

Cuando todo a tu alrededor parece estar desplomándose, es fácil pensar que el mundo financiero se va a acabar, pero la verdad es que las crisis, las caídas y las correcciones son una parte normal del ciclo económico. Los inversores más exitosos no son los que nunca pierden, sino los que saben mantener la calma cuando el mercado se vuelve loco. La clave aquí está en controlar tus emociones y en recordar que la volatilidad es pasajera. Entonces, en lugar de lanzarte a vender en cuanto veas una caída, piensa en el largo plazo: si tu inversión es sólida y está basada en buenos fundamentos, el hecho de que el mercado baje durante un tiempo no debería ser motivo para entrar en pánico. Las caídas son parte del juego y, muchas veces, representan una oportunidad para comprar a precios más bajos, no una señal de que tienes que salir corriendo.

Lo mejor que puedes hacer cuando todo parece estar cayendo a pedazos es tomarte un respiro y analizar la situación con perspectiva. Con el tiempo, la historia ha demostrado que los mercados tienden a recuperarse. Así que, en lugar de dejarte llevar por el pánico del momento, mantente fiel a tu estrategia y piensa en el objetivo final: hacer crecer tu patrimonio de manera sostenible y con cabeza, no a base de impulsos.

La importancia de la paciencia y la disciplina

Si hay dos cualidades que separan a los inversores exitosos de los que no lo son, son la paciencia y la disciplina. En este mundo, estas dos características son como los músculos: cuanto más los trabajas, más fuertes se vuelven. Sin embargo, para muchos inversores, especialmente los principiantes, son precisamente las más difíciles de desarrollar.

Por un lado, la paciencia es clave porque la inversión, en su forma más efectiva, es un juego a largo plazo. Los grandes inversores, como Warren Buffett, han construido sus fortunas gracias a su capacidad para esperar: no buscan el dinero rápido, sino el crecimiento sostenible. Han aprendido que el verdadero valor de la inversión no está en obtener ganancias inmediatas, sino en dejar que sus activos crezcan y maduren a lo largo del tiempo. Por otro lado, la disciplina es lo que te permite apegarte a tu plan de inversión, incluso cuando todo a tu alrededor parece estar en caos: ser disciplinado significa seguir tu estrategia, ignorar el ruido del mercado y evitar la tentación de hacer cambios impulsivos. Uno de los errores más comunes entre los inversores es saltar de una estrategia a otra cada vez que algo no va según lo planeado. Pero los más exitosos son aquellos que tienen una estrategia clara, y que la mantienen.

Vamos a ponernos en situación: imagina que decides invertir en un fondo indexado con una visión clara, con la idea de dejar que tu dinero trabaje por ti durante al menos diez o quince años. El plan es sólido: tú pones el dinero, el mercado hace lo suyo y después de una buena temporada, se supone que deberías ver los frutos de tu paciencia. Los primeros meses todo parece ir de maravilla, pues abres la aplicación de tu *broker* y ahí está, tu dinero está creciendo. Todo parece funcionar bien. Pero como suele pasar, un día te despiertas, abres la *app* y te llevas una sorpresa desagradable: el mercado ha caído y tus inversiones han perdido un 10 %. Te dices a ti mismo que no pasa nada, que son cosas que pasan, pero pasan unas semanas y el mercado sigue cayendo... otro 10 %. Y tu inversión ya ha perdido un 20 % de su valor. Y entonces empiezas a sentir el nudo en el estómago. Tu primera reacción, como la de muchos, es pensar: «¡Tengo que vender antes de perderlo todo!». Este es el punto crucial en el que se separan los inversores exitosos de los que tiran la toalla, ya que los que triunfan entienden que estas caídas son simplemente parte del ciclo del mercado, saben que vender en ese momento, por miedo, solo garantiza una cosa: que las pérdidas se hagan realidad. Porque claro, si vendes cuando todo está en su punto más bajo, no estarías perdiendo solo en el papel, lo estarías haciendo real. Y ahí es donde entra en juego la paciencia y la disciplina.

En esos momentos de incertidumbre, es importante recordar lo que los grandes inversores —como Ray Dalio— nos han enseñado. Él, conocido por su enfoque meticuloso y estructurado, siempre dice que los mercados son como máquinas; que los ciclos económicos y los patrones de comportamiento tienden a repetirse una y otra vez... es casi como si el mercado tuviera su propia personalidad, con sus altos y bajos, con sus momentos de euforia y de pánico. Los inversores que entienden esto no se dejan arrastrar por las emociones del momento. Saben que, en vez de reaccionar impulsivamente, lo mejor es mantener el rumbo, apegarse a la estrategia inicial. Tener paciencia no es solo esperar a que el mercado se recupere, es confiar en tu plan. Y la disciplina es lo que te permite seguirlo, incluso cuando parece que todo va mal. Piensa en el mercado como una montaña rusa: habrá subidas emocionantes y bajadas que te harán querer cerrar los ojos y salir corriendo. Pero los que logran el éxito financiero no son los que saltan del tren en la primera bajada, sino los que se mantienen firmes y siguen disfrutando del viaje a largo plazo.

¿Y sabes qué es lo curioso? Que en la mayoría de los casos, las caídas más fuertes son seguidas por algunas de las subidas más rápidas. Si te asustas y vendes en el punto bajo, te perderás la recuperación, y es por eso que los grandes inversores siempre dicen que el éxito está en no hacer nada cuando las cosas parecen estar fuera de control. Porque muchas veces simplemente mantenerte fiel a tu estrategia te llevará mucho más lejos que si intentas anticipar cada movimiento del mercado. En resumen, la verdadera clave del éxito en la inversión no está en reaccionar al mercado minuto a minuto, sino en tener una visión clara y una estrategia sólida, y dejar que el tiempo haga su trabajo. El tiempo, al final, es el mejor aliado que tienes en el mundo de la inversión.

El efecto manada: el peligro de seguir a los demás

Esta es otra trampa psicológica en la que caen muchos inversores, ya que se trata de la tendencia a imitar lo que otros hacen, bajo la creencia de que si todo el mundo lo está haciendo, debe ser lo correcto. Este comportamiento se ve mucho durante las burbujas especulativas, donde los precios de ciertos activos suben sin justificación lógica, simplemente porque muchas personas están comprando. Pero el problema es que cuando sigues a la multitud, pierdes de vista tu propia estrategia y, lo que es peor, entras en una inversión cuando ya está sobrevalorada. El colapso de la burbuja de las punto-com en el 2000 es un ejemplo claro de esto: miles de personas invirtieron en empresas tecnológicas que no generaban beneficios ni tenían un modelo de negocio sostenible, solo porque «todo el mundo lo estaba haciendo». Cuando la burbuja explotó, esos mismos inversores se encontraron con pérdidas masivas.

Aunque pueda parecer que seguir a la multitud es la decisión más lógica y segura, en realidad la mayoría no siempre tiene razón. De hecho, muchas veces, cuando todo el mundo está corriendo hacia la misma dirección, es probable que ya sea demasiado tarde o que estés metiéndote en una burbuja que está a punto de explotar. Si todo el mundo ya está subido en ese tren, puede que esté a punto de detenerse.

Entonces ¿cómo evitar caer en esa trampa de seguir ciegamente al resto? Lo primero es confiar en tu propio análisis; no te limites a hacer algo solo porque todos lo están haciendo. Tómate el tiempo para investigar, analizar y entender si realmente esa inversión tiene sentido para ti. Y sobre todo, recuerda que cada inversor es diferente. Lo que puede funcionar para otros no necesariamente será lo mejor para ti, y viceversa. Mantén la calma, sigue tu estrategia y no dejes que el entusiasmo colectivo te arrastre sin más. Además, una buena regla general es que, cuando sientas que todos están hablando de la misma inversión como si fuera la oportunidad del siglo, es el momento de parar y pensar: no te dejes llevar por las emociones del grupo, porque cuando el efecto manada se apodera de los mercados, suele ser justo antes de que las cosas se pongan feas. Como dicen por ahí, mejor ser el que se queda en la orilla observando antes que ser el que se lanza al agua sin saber nadar.

La euforia del mercado alcista

Así como el pánico es el gran villano en los mercados bajistas, la euforia es la trampa mortal en los mercados alcistas; ya que cuando los precios empiezan a subir sin parar, es muy fácil dejarse llevar por esa sensación de que todo va a ir siempre hacia arriba. De repente, parece que cada inversión es ganadora y entonces empiezas a creer que este crecimiento es imparable. Te invade el optimismo, y de ahí a lanzarte a comprar sin pensarlo mucho hay solo un paso. Y el problema de la euforia es que tiende a nublar el juicio: empiezas a ignorar los riesgos, a sobrevalorar activos y a entrar en el mercado justo cuando los precios están en su punto más alto; y todo parece tan perfecto que olvidas que los mercados también tienen su lado oscuro, puesto que lo que sube, tarde o temprano, puede bajar. Un ejemplo clásico de esto fue el mercado inmobiliario en los años previos a la crisis financiera de 2008: durante un tiempo, los precios de las casas parecían estar en una escalada sin fin, y todo el mundo quería su parte del pastel, entonces los bancos estaban repartiendo hipotecas como si fueran caramelos, y parecía que comprar una propiedad era una apuesta segura. Pero como suele pasar, la fiesta terminó, la burbuja estalló y millones de personas quedaron atrapadas en deudas por casas que valían mucho menos de lo que pagaron.

Entonces ¿cómo puedes evitar que la euforia te lleve a tomar decisiones impulsivas? Primero, es fundamental mantener los pies en la tierra, porque sí, es emocionante cuando todo está subiendo, pero hay que recordar que los mercados siempre tienen altibajos. Así que la clave está en no dejar que el optimismo desmedido te haga olvidar que el riesgo sigue ahí, escondido en las sombras. Porque es fácil pensar que todo seguirá subiendo indefinidamente, pero la historia nos ha enseñado que las caídas llegan, a veces cuando menos las esperas. Segundo, para mantener la cabeza fría puedes hacer revisiones periódicas de tus inversiones... no te acomodes demasiado en el optimismo y pienses que ya no hace falta estar pendiente; asegúrate de que tus activos siguen alineados con tus objetivos y, sobre todo, que no están sobrevalorados. Revisar tus inversiones con regularidad te ayudará a tomar decisiones más informadas y a no caer en la trampa de pensar que la fiesta no va a acabar nunca.

La importancia del autocontrol emocional

Si algo hemos aprendido de la psicología del inversor es que el autocontrol emocional es fundamental, ya que tanto el miedo como la codicia son emociones poderosas que pueden nublar tu juicio y llevarte a tomar decisiones impulsivas. Para ser un inversor exitoso, necesitas desarrollar la capacidad de desconectar tus emociones del proceso de inversión. Y no se trata de ignorar tus emociones por completo, porque eso es imposible, pero sí de no dejar que ellas tomen el control; tener un enfoque racional, basado en datos y hechos, te ayudará a tomar mejores decisiones a largo plazo. La inversión es un juego mental y la disciplina emocional es lo que te permitirá seguir adelante cuando las cosas se pongan difíciles.

Cómo los medios y las redes sociales influyen en tus decisiones

Vivimos en una era en la que estamos constantemente bombardeados por información: noticias financieras, informes de mercado, *tweets* de «gurús» de las inversiones y videos virales que prometen la próxima gran oportunidad. Es fácil perder la perspectiva cuando todo el mundo parece tener una opinión, y muchas veces el ruido mediático puede influir en nuestras decisiones de inversión más de lo que nos damos cuenta. Los medios de comunicación y las redes sociales son una fuente constante de información, y también, de sobrecarga emocional. Cada vez que un mercado se desploma, las noticias lo presentan como si fuera el fin del mundo, y cuando hay un repunte, lo tratan como una oportunidad única. El problema es que, si te dejas llevar por estas olas de información, podrías acabar tomando decisiones apresuradas y sin fundamento.

Por ejemplo, durante la pandemia de 2020, muchos inversores vendieron sus acciones en cuanto empezaron a escuchar noticias negativas sobre la caída de los mercados. Lo que no sabían es que aquellos que mantuvieron la calma y no se dejaron influir por el pánico mediático vieron cómo sus inversiones se recuperaron rápidamente, a medida que los mercados rebotaron, en cuestión de meses.

No todas las fuentes de información tienen el mismo valor: es importante que seas crítico con lo que lees o escuchas, especialmente en Internet, donde cualquiera puede dar su opinión. Pregúntate: «¿De dónde viene esta información? ¿Cuál es el interés de quien la está publicando?»; no te fíes ciegamente de lo primero que encuentras o de la opinión del último *youtuber* que se hizo viral. Investiga bien antes de tomar cualquier decisión basada en lo que lees o ves por ahí. Porque al final, la calidad de la información que consumes es lo que hará la diferencia en tus decisiones.

El papel de la intuición: ¿aliada o enemiga?

Se trata de una herramienta que muchos valoran, y no sin razón, ya que puede ser una aliada cuando necesites tomar decisiones rápidas en momentos de incertidumbre, si te basas en tu experiencia y en todo lo que has aprendido a lo largo del tiempo. Pero ojo, que también puede ser un arma de doble filo si no la usas con cuidado. En el mundo de las inversiones, dejarse llevar únicamente por la corazonada es como caminar por un campo minado sin mapa. Puede salir bien, pero también puede salir muy mal.

A muchos inversores les encanta la idea de confiar en su «corazonada», como si de repente fueran una especie de oráculo financiero. Sin embargo, en un entorno tan volátil como el del mercado, donde las cosas cambian en cuestión de segundos, actuar solo por intuición es un juego arriesgado. La clave está en combinar la intuición con un análisis detallado. Si tienes la sensación de que una inversión es buena, tómate un momento para frenar, respirar y buscar datos que la respalden; verifica que tu corazonada tenga algo más que tu instinto detrás. Lo ideal es usarla como una especie de alarma, como un aviso que dice: «Hey, aquí puede haber algo interesante, investiga más»; pero no dejes que sea ella quien guíe todas tus decisiones. Puesto que la experiencia y los datos deben ser los que confirmen si realmente esa oportunidad vale la pena. Y cuanto más tiempo lleves invirtiendo, más fina será tu intuición. Al principio, es mejor confiar en los números y no en las corazonadas, porque en los primeros pasos del camino, esa intuición aún está aprendiendo a caminar.

Superar el miedo a perder dinero

Uno de los mayores obstáculos emocionales para cualquier inversor, tanto principiante como veterano, es el temido miedo a perder dinero. Y es completamente natural, no nos vamos a engañar. El dinero es sinónimo de seguridad, estabilidad, y para muchos representa el fruto de años y años de trabajo. Así que la simple idea de ver desaparecer una parte de los ahorros por una mala inversión puede poner los pelos de punta a cualquiera. Pero aquí viene lo importante: no puedes dejar que ese miedo te paralice. La realidad es que cada vez que inviertes estás asumiendo un riesgo; y sí, puedes perder dinero, porque hasta los inversores más legendarios lo han perdido en algún momento. La diferencia es que ellos entienden que eso es parte del juego. Pero el truco no está en evitar las pérdidas a toda costa, sino en aprender a gestionar el riesgo de manera que cuando las cosas vayan mal, no te arruines, y cuando vayan bien, aproveches al máximo. Si dejas que el miedo a perder te frene, estarás condenándote a una pérdida aún mayor: a la oportunidad de hacer que tu dinero crezca a largo plazo.

El psicólogo financiero Daniel Kahneman, ganador del premio Nobel, demostró en sus estudios que el miedo a perder es mucho más fuerte que el deseo de ganar. Es decir, muchos inversores se ven dominados por el miedo hasta el punto de dejar de lado el análisis racional. Y aquí está la clave: es una emoción potente, sí, pero como inversores, necesitamos aprender a dominarla si queremos tener éxito. De lo contrario, no solo nos estamos poniendo barreras emocionales, sino que también estamos impidiendo que nuestro dinero trabaje para nosotros. Para superarlo, lo primero que hay que hacer es empezar poco a poco, porque si sientes que el miedo te bloquea, lo mejor es comenzar a invertir cantidades pequeñas. Así, podrás ir acostumbrándote a los altibajos del mercado sin poner en peligro una parte significativa de tus ahorros. Es como meterse en una piscina: no te tiras de cabeza al agua si no sabes nadar bien, sino que primero tanteas el terreno con un pie, te acostumbras, y después vas entrando poco a poco.

Otro punto clave es aceptar que las pérdidas son parte del proceso, ya que invertir no es una ciencia exacta y entonces habrá momentos en los que, inevitablemente, perderás dinero. Pero si sigues una estrategia sólida y bien diversificada, serán solo temporales y no te afectarán de forma grave. Piensa en ello como en una partida de ajedrez: puedes perder algunas piezas en el camino, pero lo que importa es el movimiento final.

Por último, es vital mantener la vista en el largo plazo. Si te concentras solo en lo que está ocurriendo hoy o esta semana, el miedo se apoderará de ti rápidamente. Pero a largo plazo, el mercado ha demostrado ser una fuente confiable de crecimiento. La historia nos ha enseñado que, con el tiempo, los mercados tienden a recuperarse de las caídas y siguen subiendo. Así que lo mejor es no dejarte llevar por las emociones momentáneas y recordar siempre por qué empezaste a invertir en primer lugar: para hacer crecer tu dinero a largo plazo.

El autocontrol como el pilar del éxito financiero

Después de haber explorado las emociones más comunes que afectan a los inversores (desde el FOMO hasta el pánico, el paso por la euforia y el miedo) llegamos a la conclusión más importante: el autocontrol es el pilar fundamental del éxito financiero, ya que invertir no es solo una cuestión de entender el mercado, las empresas o los activos: es, sobre todo, una cuestión de entenderte a ti mismo. Las emociones están siempre presentes y es imposible eliminarlas, pero lo que sí puedes hacer es aprender a gestionarlas para que no te dominen en los momentos cruciales.

El autocontrol emocional te permitirá apegarte a tu estrategia cuando todo a tu alrededor te diga que debes cambiar de rumbo; te permitirá mantener la calma cuando el mercado caiga, y no dejarte llevar por la euforia cuando todo suba. Es el factor diferenciador entre los inversores que construyen riqueza a largo plazo y aquellos que se ven arrastrados por sus propias emociones.

Al final, lo que más influye en tu éxito como inversor no es el mercado ni los activos en los que inviertas; es tu capacidad para mantenerte firme y actuar de manera racional. Esa es la verdadera clave para triunfar en el mundo de la inversión.

11. DESPEDIDA

Has llegado hasta aquí; y créeme que solo por eso, ya te mereces una enorme felicitación. No todo el mundo se atreve a dar ese primer paso hacia la inversión. Muchos prefieren quedarse en su zona de confort y esperar que las cosas se resuelvan solas, sin darse cuenta de que el tiempo es nuestro mayor aliado o nuestro peor enemigo, —dependiendo de cómo lo usemos. Pero tú has decidido tomar el control; has leído este libro, has abierto los ojos ante la realidad económica que nos rodea y te has interesado por aprender cómo hacer crecer tu dinero de forma inteligente.

Ahora bien, no te voy a engañar: esto solo es el comienzo. Si has llegado hasta aquí esperando una solución mágica, siento decirte que el mundo de las finanzas y de la inversión no funciona así; no hay fórmulas secretas y no hay atajos que te aseguren hacerte rico de la noche a la mañana. Pero eso, amigo lector, no es malo. Es lo que le da sabor a este viaje. Porque ahora tienes algo que la mayoría no tiene: conocimiento. Y con él viene el poder de tomar decisiones informadas, de controlar tu futuro económico, de crear riqueza a tu manera y a tu ritmo.

Lo primero que quiero que tengas claro es que este libro es solo la punta del iceberg. Si algo he querido transmitir a lo largo de estas páginas es que la inversión es un camino largo, lleno de aprendizajes y sí, de desafíos. Pero también está repleto de oportunidades, ya que siempre hay algo nuevo por descubrir, porque el mundo de las finanzas está en constante cambio. Nuevos productos, nuevas tendencias, tecnologías que revolucionan los mercados... Todo evoluciona, y tu conocimiento debe hacerlo con ello.

La clave aquí es que no se trate de llegar a un punto en el que puedas decir: «Lo sé todo sobre inversiones». No,ya que la verdadera sabiduría en este mundo está en reconocer que siempre hay algo más por aprender. Y eso, lejos de desmotivarte, debería emocionarte. Porque significa que siempre puedes mejorar, afinar tu estrategia y adaptar tu cartera a los cambios del mercado.

Tony Robbins, en su libro *Dinero: domina el juego*, dice algo muy cierto: «La calidad de tu vida es el resultado de las decisiones que tomas de forma constante». Y la calidad de tus inversiones no es diferente, puesto que no se trata de hacer una sola inversión perfecta y de sentarse a esperar. Al contrario, se trata de tomar decisiones informadas, consistentes y sobre todo, disciplinadas a lo largo del tiempo.

Seguro que a estas alturas ya entiendes lo que el interés compuesto puede hacer por tu dinero, pero hay un concepto que me gustaría que te llevaras contigo: el conocimiento compuesto. Así como el dinero que inviertes hoy crecerá exponencialmente con el tiempo gracias al interés compuesto, el conocimiento que adquieras hoy sobre finanzas, inversiones, mercados, e incluso sobre ti mismo, también crecerá de forma exponencial. Cada libro que leas, cada curso que hagas, cada error del que aprendas, será como poner una pequeña cantidad de interés en tu cuenta de conocimiento. Y con el tiempo, eso no solo te hará más hábil como inversor, sino que también te dará una ventaja sobre la mayoría de las personas que no se toman el tiempo de educarse financieramente. Y es que uno de los mayores errores que cometen muchos inversores principiantes es pensar que, una vez han hecho sus primeras inversiones, ya han terminado de aprender. ¡Y nada podría estar más lejos de la realidad! El mercado financiero es vasto y complejo, pero también está lleno de oportunidades para quienes tienen la paciencia y la humildad de seguir aprendiendo. Entonces, lo que has aprendido en este libro es solo una base, una introducción a conceptos fundamentales, una guía para evitar los errores más comunes y un mapa para que comiences a andar el camino correcto. Pero ahora te toca a ti: investiga y lee más, busca fuentes fiables y sigue alimentando esa llama de curiosidad que te trajo hasta aquí.

Uno de los mejores consejos que puedo darte es que no te quedes con una sola fuente de información. Lee libros de diferentes autores, sigue a expertos financieros, escucha pódcasts, asiste a conferencias o a webinarios, sin importar si son más avanzados o parecen estar fuera de tu alcance ahora mismo. Ya que cada pieza de información te llevará un paso más allá y al final, todas esas pequeñas dosis de conocimiento se sumarán para crear un entendimiento profundo y sólido sobre cómo funciona el dinero y cómo puedes hacerlo crecer.

En tu viaje como inversor, te encontrarás con todo tipo de promesas y atajos que intentarán desviarte de tu camino. Ya lo mencioné, pero recuerda siempre esto: si suena a que es demasiado bueno para ser verdad, probablemente no lo sea. Es muy fácil caer en la trampa de quienes prometen multiplicar tu dinero de forma rápida y sin esfuerzo, especialmente en Internet, donde las estafas financieras están a la orden del día. Las altas rentabilidades en poco tiempo casi siempre vienen acompañadas de altos riesgos, y a veces, esos son tan elevados que no merece la pena correrlos. Y es entonces que debes aplicar lo que has aprendido en este libro. Mantente fiel a tu estrategia, invierte con cabeza y no dejes que la avaricia te nuble el juicio. Como hemos visto a lo largo de estas páginas, la inversión seria y bien planificada es más aburrida que emocionante, y eso es algo bueno. Porque cuando las emociones mandan, las malas decisiones suelen estar a la vuelta de la esquina.

Dos palabras que pueden parecer poco emocionantes pero que en realidad, son el verdadero secreto del éxito en el mundo de la inversión: disciplina y paciencia. La mayoría de las personas que fracasan al invertir lo hacen porque no tienen la paciencia necesaria para dejar que sus inversiones maduren o porque carecen de la disciplina para mantener una estrategia a largo plazo. Es fácil dejarse llevar por el pánico cuando los mercados bajan y emocionarse demasiado cuando suben. Pero recuerda, el verdadero poder de la inversión está en mantener la calma en tiempos difíciles y en no dejar que las emociones guíen tus decisiones. Ser disciplinado significa apegarte a tu plan, sin importar lo que el mercado esté haciendo hoy o mañana; y ser paciente significa saber que los resultados no llegarán de la noche a la mañana… pero si haces las cosas bien, sí llegarán. Como ha dicho muchas veces un inversor legendario como Warren Buffett: «La bolsa es un mecanismo para transferir dinero del impaciente al paciente». Así que si quieres ser de los que ganan, ya sabes lo que toca: esperar. Pero no esperar sin hacer nada, sino hacerlo mientras sigues invirtiendo, mientras sigues aprendiendo y mientras sigues mejorando.

Una de las mayores lecciones que puedes aprender en tu camino hacia la inversión es que no hay fracasos, solo aprendizajes. Cada error o cada operación que no salió como esperabas, cada vez que los mercados te sorprendieron, es una oportunidad para mejorar, para ajustar tu estrategia, para volverte más sabio como inversor. Los errores son parte del juego, y hasta los inversores más exitosos del mundo han tenido días malos. Lo importante no es evitar los errores, porque eso es imposible, sino aprender de ellos, así que si inviertes y pierdes dinero, en lugar de frustrarte, pregúntate: «¿Qué puedo aprender de esto? ¿Fue una mala decisión? ¿No investigué lo suficiente? ¿Me dejé llevar por las emociones?». El error solo se convierte en un fracaso cuando no aprendes de él.

El futuro es incierto, lo sabemos, pero eso no significa que no puedas prepararte para él. Tú tienes el poder de decidir qué hacer con tu dinero y cómo quieres que sea tu futuro financiero: cada decisión que tomes hoy es una semilla que estás plantando para el mañana. Y aunque no puedes controlar lo que hará el mercado, sí puedes controlar cómo reaccionar ante él, qué decisiones tomar y qué conocimientos adquirir.

Este libro ha sido solo una primera toma de contacto, un vistazo inicial a lo que es el mundo de la inversión. Pero como te he dicho antes, esto es solo el principio, pues el mundo de las finanzas es infinito y cambiante, y eso es lo que lo hace tan apasionante. No se trata solo de hacer dinero, sino de entender cómo funciona, cómo se mueve el capital, cómo puedes hacer que trabaje para ti. Y quizá ahora estés pensando: «Vale, he leído este libro, he aprendido mucho... ¿y ahora qué?». ¡Es el momento de poner en práctica lo que has aprendido! Empieza con poco, no necesitas grandes sumas para comenzar a invertir, lo importante es empezar. Como decía Jim Rohn: «La motivación es lo que te pone en marcha, pero el hábito es lo que te mantiene avanzando». Haz de la inversión un hábito en tu vida, una parte integral de tu día a día. No hace falta que te conviertas en un experto financiero de la noche a la mañana, pero sí que desarrolles el hábito de investigar, aprender y mejorar constantemente. Busca nuevas oportunidades, pero hazlo con criterio; y sigue leyendo, sigue formándote, ya que el conocimiento es el mejor activo que puedes tener. La inversión en ti mismo, en tu formación y en tu educación financiera es la que te dará los mejores rendimientos a largo plazo. Así que si has llegado hasta aquí, ya has dado el primer paso. Ahora el siguiente depende de ti.

Un último consejo que me gustaría darte antes de cerrar este capítulo es que no hagas este viaje solo. El mundo de la inversión puede parecer un lugar solitario a veces, pero no tiene por qué serlo: existen miles de comunidades de inversores, foros, grupos y redes donde puedes compartir tus ideas, aprender de otros y, lo más importante, seguir motivado. Rodéate de personas que compartan tu interés por las finanzas, que estén dispuestas a aprender contigo y que te ayuden a mejorar. A veces, una buena conversación o un intercambio de opiniones puede darte perspectivas que no habías considerado antes. Entonces, no subestimes el poder de una comunidad de aprendizaje. Además, este nunca acaba, siempre hay algo nuevo por descubrir, un nuevo libro que leer, un nuevo mercado que entender, una nueva estrategia que probar. Y eso es lo que hace que este viaje sea tan emocionante. Mantén la mente abierta y la curiosidad despierta, pues el futuro pertenece a los que siguen aprendiendo. Con esto acaba este libro, pero no tu viaje. Porque la aventura de aprender a invertir, de mejorar y de crecer nunca acaba. Estas páginas son solo el primer paso de un largo camino que, si decides recorrerlo con paciencia y disciplina, te llevará a un futuro lleno de posibilidades. Y recuerda, el mejor día para empezar fue ayer y el segundo mejor día es hoy. Así que no esperes más y coge las riendas de tu futuro financiero.

12. GLOSARIO

Ahorrar: reservar una parte de los ingresos para su uso futuro, generalmente con un propósito específico, como la inversión o la jubilación.

Acción: unidad de propiedad en una empresa, que representa una participación en sus activos y ganancias.

Activos: Bbienes y recursos poseídos por una persona o empresa, incluye efectivo, inversiones, propiedades y más.

***Alpha*:** exceso de retorno de una inversión en relación con su índice de referencia.

Amortización: reducción gradual de la deuda a lo largo del tiempo, mediante pagos regulares.

Análisis fundamental: evaluación de inversiones mediante el estudio de los fundamentos financieros de una empresa, como ingresos, ganancias y deuda.

Análisis técnico: estudio de inversiones, basándose en patrones de precios históricos y volúmenes de negociación.

Apalancamiento: utilización de endeudamiento para amplificar el potencial de ganancias o pérdidas de una inversión.

Apreciación: aumento en el valor de un activo con el tiempo.

Aversión al riesgo: preferencia por activos menos riesgosos debido a la aversión a las pérdidas.

Bolsa de valores: mercado organizado donde se compran y venden acciones, bonos y otros valores.

Bonificación: aumento en el número de acciones en circulación sin afectar el valor nominal por acción.

Bono: instrumento de deuda que representa un préstamo a una entidad, generalmente una empresa o gobierno, con un pago de interés regular y devolución del capital en una fecha específica.

***Breakeven*:** punto en el que los ingresos igualan los costos, sin ganancias ni pérdidas.

***Bróker*:** intermediario que facilita la compra y venta de activos financieros en los mercados.

Calentamiento del mercado: aumento rápido y excesivo en los precios de los activos financieros.

Call: opción financiera que otorga el derecho (pero no la obligación) de comprar un activo a un precio y en un momento determinado.

Capital riesgo: inversión en empresas emergentes a cambio de participación accionaria, generalmente de alto riesgo.

Cartera de inversión: colección de activos financieros (como acciones, bonos y otros), poseídos por un individuo o entidad.

Cesta de fondos: cartera de fondos de inversión que invierte en una variedad de activos.

Ciclo económico: los diferentes estados de la economía, como expansión, contracción y recuperación.

Cliente *retail*: inversor individual que no es una institución financiera o profesional.

CNMV: Comisión Nacional del Mercado de Valores, entidad reguladora de los mercados financieros en España.

Comisión: el costo que un inversor paga a una institución financiera o gestor de fondos por sus servicios.

***Commodities*:** bienes físicos (como petróleo, oro o grano) negociados en los mercados de materias primas.

Corretaje: la comisión que un *bróker* cobra por facilitar la compra o venta de activos financieros.

Coste de oportunidad: valor de la mejor alternativa renunciada cuando se toma una decisión.

Criptoactivo/criptomoneda: activo digital basado en tecnología *blockchain*, como Bitcoin o Ethereum.

Cuenta corriente: cuenta bancaria utilizada para depósitos, retiros y transacciones diarias.

Cuenta de valores: cuenta utilizada para la tenencia y negociación de valores financieros.

Cuenta de resultados: informe financiero que muestra los ingresos, gastos y beneficios de una empresa en un período específico.

Cupón: interés pagado en un bono, generalmente expresado como un porcentaje de su valor nominal.

Custodia de valores: servicio de almacenamiento y administración de activos financieros.

Deflación: disminución generalizada de los precios de bienes y servicios.

Devaluación: reducción en el valor de una moneda en relación con otras.

Derivado financiero: contrato cuyo valor se deriva del valor de otro activo, como futuros, opciones y *swaps*.

Drawdown: pérdida máxima experimentada en una inversión antes de recuperarse.

Empresa cíclica: una cuyos ingresos y ganancias están vinculados a los ciclos económicos.

Estanflación: combinación de estancamiento económico y alta inflación.

ETF: fondo cotizado en bolsa, que representa una canasta diversificada de activos y que se negocia en una bolsa de valores.

Euribor: tipo de interés de referencia utilizado en préstamos interbancarios en la Eurozona.

Family office: empresa o entidad que administra la riqueza y los asuntos financieros de una familia adinerada.

Flujo de caja: entrada y salida de efectivo en un negocio o inversión, durante un período de tiempo.

Fondo de emergencia: fondo reservado para gastos inesperados o situaciones de emergencia.

Fondo de garantía de inversiones: fondo de compensación que protege a los inversores en caso de quiebra de una entidad financiera.

Fondo de maniobra: activos líquidos disponibles para cumplir con las obligaciones a corto plazo de una empresa.

Fondo global: fondo que invierte en una amplia gama de activos y geografías.

Fondo monetario: fondo de inversión que invierte en instrumentos financieros de bajo riesgo y alta liquidez.

Fondo sectorial: fondo que se enfoca en un sector económico específico, como tecnología o salud.

Fondo mixto: fondo que combina activos de renta fija y variable en su cartera.

Fondo índice o indexado: fondo que sigue el rendimiento de un índice de mercado específico.

Garantía: activo ofrecido como seguridad para respaldar un préstamo u otra obligación financiera.

Gestión activa: enfoque de gestión de fondos en el que el gestor toma decisiones activas sobre la cartera.

Gestión pasiva: enfoque de gestión de fondos que busca replicar el rendimiento de un índice sin toma de decisiones activa.

Gráfico: representación visual de datos financieros que muestra tendencias y patrones.

***Hedge fund*:** fondo de inversión privado que busca obtener rendimientos positivos, a menudo utiliza estrategias avanzadas.

Horizonte temporal: período de tiempo durante el cual se espera mantener una inversión.

IIC: Instituciones de Inversión Colectiva, como fondos de inversión y ETF.

Índice bursátil: indicador que refleja el rendimiento de un grupo de acciones en un mercado específico.

Instrumentof: contrato o acuerdo que crea un activo financiero, como acciones, bonos y derivados.

Letra del tesoro: instrumento de deuda emitido por el gobierno que tiene un corto plazo de vencimiento.

Liquidez: facilidad con la que un activo puede convertirse en efectivo sin pérdida significativa de valor.

Long/short: estrategia de *trading* que implica tomar posiciones largas (comprar) y cortas (vender) en activos financieros.

Margen: capital adicional necesario para respaldar una posición apalancada.

Margin call: solicitud de un corredor para depositar fondos adicionales para cubrir pérdidas en una posición apalancada.

Market maker: entidad financiera que facilita la liquidez en los mercados, ofrece comprar y vender activos.

Memoria: informe que describe el desempeño y la gestión de un fondo de inversión.

Mercado alcista: período de aumento sostenido en los precios de los activos financieros.

Mercado bajista: período de disminución sostenido en los precios de los activos financieros.

Mercado OTC: mercado extrabursátil donde se negocian activos no cotizados en bolsa.

***Micro caps*:** empresas con baja capitalización de mercado, generalmente con acciones de bajo precio.

Minusvalía: pérdida en el valor de una inversión en relación con su costo original.

Obligaciones: instrumentos de deuda emitidos por empresas o gobiernos, que pagan intereses y devuelven el capital al vencimiento.

Oferta Pública de Adquisición (OPA): oferta para comprar acciones de una empresa a los accionistas.

Oferta Pública de Suscripción (OPS): oferta para comprar nuevas acciones de una empresa.

Oferta Pública de Venta (OPV): oferta para vender acciones de una empresa al público en general.

Opción financiera: contrato que otorga el derecho (pero no la obligación) de comprar (*call*) o vender (*put*) un activo a un precio y tiempo específicos.

Orden de mercado: instrucción para comprar o vender un activo al precio del mercado actual.

Pagaré: instrumento financiero de corto plazo, similar a un bono, con un plazo fijo y pago de interés.

Participación: unidad de propiedad en un fondo de inversión.

Pasivo: deudas y obligaciones financieras de una empresa o individuo.

Patrimonio: valor neto de una persona o empresa, calculado como activos menos pasivos.

Perfil de inversor: nivel de tolerancia al riesgo y objetivos de inversión de una persona.

Plusvalía: ganancia en el valor de una inversión en relación con su costo original.

Portfolio: colección de inversiones (como acciones, bonos, criptomonedas y otros activos), propiedad de un individuo o entidad.

Posición corta: vender un activo que no se posee con la esperanza de comprarlo más barato en el futuro y obtener ganancias.

Posición larga: comprar un activo con la expectativa de que aumentará de valor.

Prima de emisión: monto adicional pagado por encima del valor nominal de una acción al emitirla.

Prima de reembolso: monto adicional pagado por encima del valor nominal al reembolsar un bono.

Producto complejo: instrumento financiero con características complicadas o riesgos significativos.

Producto no complejo: instrumento financiero con características y riesgos más simples.

Producto estructurado: instrumento financiero que combina varios activos o estrategias.

Punto básico: medida utilizada en finanzas para describir cambios en tasas de interés o rendimientos. Equivale a 0,01 %.

***Rating*:** evaluación de la calidad crediticia de un emisor o de un instrumento financiero.

Ratio bursátil: medida que compara el precio de una acción con sus ganancias o activos.

Renta fija: activos financieros con pagos de interés regulares y plazos fijos, como bonos.

Renta variable: activos financieros cuyos retornos no están preestablecidos, como acciones.

Rentabilidad: rendimiento de una inversión expresado como porcentaje de ganancias o pérdidas.

Riesgo: posibilidad de que una inversión no alcance sus resultados esperados o que pierda valor.

Routing: proceso de enviar órdenes de compra o venta a través de una red de corredores.

Small caps: empresas con capitalización de mercado relativamente pequeña.

Sostenibilidad de la inversión: consideración de factores ambientales, sociales y de gobierno al momento de invertir.

Split: división de acciones existentes en más acciones, generalmente para hacerlas más asequibles.

Swap: acuerdo financiero en el que dos partes intercambian flujos de efectivo basados en diferentes activos o tasas de interés.

Tasa Anual Equivalente (TAE): medida estandarizada del costo anual de los productos financieros.

Tasa de descuento: tasa utilizada para calcular el valor presente de flujos de efectivo futuros.

Tasa Interna de Rentabilidad (TIR): tasa de descuento que hace que el valor presente neto de una inversión sea igual a cero.

Tendencia: dirección general en la que se mueven los precios de los activos financieros.

Tick: incremento mínimo en el precio de un activo.

Ticker: símbolo que representa un activo en los mercados financieros.

Total Expense Ratio (TER): medida del costo total de un producto financiero, que incluye comisiones y gastos.

Transparencia: disponibilidad de información precisa y completa sobre activos financieros.

UCITS: fondos de inversión de la Unión Europea regulados que pueden venderse en toda la UE.

Utilities: empresas de servicios públicos, como electricidad, gas y agua.

Valor liquidativo: valor total de los activos de un fondo de inversión, dividido por el número de participaciones.

Valor negociable: activo financiero que se puede comprar o vender en un mercado secundario.

Valor nominal: valor nominal de un activo, generalmente establecido al emitirse.

Vencimiento: fecha en la que un contrato financiero o instrumento vence o expira.

Volumen: cantidad total de activos financieros negociados en un período de tiempo específico.

13. BIBLIOGRAFÍA

Bogle, J. C. (2017). *El pequeño libro para invertir con sentido común*. Deusto.

Buffett, W. (2015). *Ensayos de Warren Buffett: Lecciones para inversores y directivos*. Deusto.

Dalio, R. (2018). *Principios: Vida y trabajo*. Deusto.

Ellis, C. D. (2017). *Ganar al perder: Estrategias intemporales para invertir con éxito*. McGraw-Hill.

Graham, B. (2007). *El inversor inteligente*. Deusto.

Kahneman, D. (2012). *Pensar rápido, pensar despacio*. Debate.

Kiyosaki, R. T. (2013). *Padre rico, padre pobre*. Aguilar.

Malkiel, B. G. (2016). *Un paseo aleatorio por Wall Street*. Deusto.

Markowitz, H. (1952). Portfolio selection. *The Journal of Finance*, 7(1), 77-91.

Pita, L. (2012). *Ten peor coche que tu vecino*. LID Editorial Empresarial.

Robbins, T. (2015). *Dinero: Domina el juego*. Grijalbo.

Thaler, R. H. (2016). *Todo lo que he aprendido con la psicología económica*. Deusto.

14. ACERCA DEL AUTOR

Javier Croses es un apasionado de las finanzas personales y de la educación financiera; está comprometido con ayudar a las personas a tomar el control de su dinero y aprender a invertir de manera sencilla y efectiva. Tras haber pasado por diversas experiencias personales que le enseñaron el valor del ahorro y de la inversión, decidió compartir sus conocimientos para guiar a otros hacia la libertad financiera.

Además de su dedicación al mundo de las inversiones, ha cursado formación en áreas relacionadas con la salud y el bienestar, lo que le ha permitido tener una visión integral acerca de cómo gestionar los recursos personales para mejorar la calidad de vida. Su enfoque es siempre claro: empoderar a las personas con conocimientos financieros prácticos y accesibles, para que puedan tomar mejores decisiones y vivir con mayor seguridad económica.

Este es su primer libro, resultado de años de experiencia y aprendizaje, escrito con el deseo de hacer que la inversión sea accesible para todos, sin importar el nivel de conocimientos previos.

Si te ha gustado el libro me encantaría conocer tu opinión en Amazon. ¡Tus 5 estrellas me ayudan mucho!

Made in United States
North Haven, CT
17 October 2026

20543555R00116